Rudolf Herfurtner

Das kleine Weihnachtstier

Rudolf Herfurtner

Das kleine Weihnachtstier

Weihnachtsgeschichten zum Vorlesen

Mit Bildern von Ina Hattenhauer

GERSTENBERG

Meinem treuen Anreger
Leonhard Huber

Inhalt

Alfa Eseto oder
Ein Notenwart fällt vom Himmel

Eusebius fiel vom Himmel, obwohl er ein Engel war. Das hätte nicht sein müssen. Hätte bloß ein bisschen besser auf seine Flügel achtgeben sollen. Und natürlich hätte er gar nicht losfliegen dürfen so spät in der Nacht, wo er doch nicht mehr so gut sah. Aber er hatte einen schlimmen Fehler gemacht und jetzt musste eine Katastrophe verhindert werden ...

Eusebius war Notenwart im Chor der Engel. Er musste dafür sorgen, dass die himmlischen Sänger immer die richtigen Noten in ihren Chormappen hatten. Früher hatte Eusebius selbst gesungen, aber er war alt geworden und seine Stimme brüchig. Trotzdem war er froh, durch seine Arbeit als Notenwart noch mit seinem geliebten Chor verbunden zu sein.

Allerdings gab es immer wieder Pannen, vor allem wenn Eusebius seine Brille verlegt hatte und die Noten verwechselte. So eine Panne war gerade passiert. Eigentlich wollte Eusebius wie immer jedem Chorsänger noch ein Vesperbrot mit auf die Reise geben. Aber weil diesmal alles so schnell gehen musste, kam er nicht mehr dazu, die Brote zu schmieren. Da lag dann der Stapel mit Butterbrotpapier neben dem Notenstapel, Eusebius fand seine Brille nicht und verwechselte die Papiere. Als er die Brille wiederfand – sie saß oben auf seinem Kopf!, – entdeckte er seinen furchtbaren Irrtum: Die himmlischen Heerscharen waren ohne Noten losgeflogen.

Dabei hatten sie einen wichtigen Einsatz in dieser Nacht, vielleicht den wichtigsten überhaupt. Das Heil der Welt hing davon ab, wie sie sangen und was. Und das Schicksal des Himmels auch, irgendwie.

Und nun würden die himmlischen Sänger unten in der Stadt Davids ihre Chormappen aufschlagen und statt der Noten Butterbrotpapier finden. Diese wichtigen Noten, die extra für diese Nacht komponiert worden waren! Denn man hatte gehört, dass ein wildes Dämonenheer unterwegs war nach Bethlehem, und ohne die neuen Noten war vielleicht alles verloren ...

Eusebius überlegte deshalb nicht lange, nahm den Stapel Noten, steckte ihn in die Tasche seines fadenscheinigen Umhanges und flog los. Er wusste, dass ein unangenehmes Sibirien-Tief drohte, seine Flügel hatten schon reichlich Federn gelassen, aber was sollte er machen? Er musste fliegen, so schnell er konnte, obwohl ihm schon bald die Schultern wehtaten. Er wusste auch nicht ganz genau, wo's lang ging, außerdem waren schon gleich nach dem Abflug seine Brillengläser so beschlagen, dass er wie durch dichten Nebel flog.

Und dann kam Wind auf, oder besser gesagt Sturm, wirklich unangenehmer, heulender Sturm. Der alte Engel wusste nicht genau, ob er in das Sibirien-Tief geraten war oder in die wüsten Wirbel der Wilden Jagd. Es fauchte und pfiff um ihn herum. Er wurde hin und her geworfen wie ein Federball und wusste schon bald nicht mehr, wo hinten und vorne war, oben oder unten.

Doch, wo unten war, das wusste er. Unten war da, wohin er nun fiel, und zwar immer schneller, ohne dass er was machen konnte, denn seine Flügel waren total durchnässt und verklebt. Eusebius vergaß nämlich ständig, sie einzufetten und zu bürsten. Und so passierte es: Der Sturm griff in seinen Umhang und riss ihm das Bündel Noten aus der Tasche, die bald schon in Fetzen über die Hügel trieben, aufgeweicht vom Regen ...

Auf dem steinigen Feldweg von Bethlehem zu den Weidegründen der Schafe lief ein kleines Mädchen durch die Nacht. Sie hieß Mirjam und machte ein trotziges Gesicht. Sie war wütend. Immer sollte sie zu Hause bleiben, während die Brüder mit den Schafen auf der Weide waren. »Du bist noch zu klein«, hieß es, und »Du bist ein Mädchen!« Klein und Mädchen! Sie konnte es nicht mehr hören! Sie war schon sieben – also ziemlich groß. Und ein Mädchen? Na und? Sie konnte auch Schafe hüten. Sie kannte die Signale, die man den Hunden geben musste. Sie hatte den Großvater so lang angebettelt, bis er ihr eine Flöte

schnitzte, mit der man die Signale blasen konnte. Und sie war mutig. Sie hatte sich mitten in der Nacht aus dem Zelt geschlichen und lief nun allein durch die Dunkelheit die weite Strecke bis hinaus zu ihren Brüdern.

Es war sehr dunkel. Kein Stern. Kein Mond. Sie hatte eine kleine Laterne dabei, aber der Sturm hatte die Flamme längst ausgeblasen und der Regen den Docht nass gemacht. Ein bisschen unheimlich war das schon. Mirjam holte ihre Flöte heraus und blies eine Melodie gegen den Wind. Eine kleine Melodie, die sie sich selbst ausgedacht hatte. Angefangen mit den drei gleichen Tönen, mit denen sie normalerweise den Hund rufen konnte. Und dann eine kurze Tonleiter drangehängt. Sie

liebte diese Melodie. Es brauchte nur diese paar Töne und schon ging es ihr besser.

Was für ein Sturm! Manchmal blitzte es, dann war der Himmel plötzlich taghell und die Wolkenfetzen sahen aus wie jagende Gespenster. Und wenn es donnerte, dann meinte Mirjam, das grausige Lachen und Grollen böser Himmelsgeister zu hören. Einmal wehte ihr der Wind ein Blatt Papier ins Gesicht, aber sie konnte nicht erkennen, ob etwas darauf stand.

Sie war, wie gesagt, wütend und sehr trotzig und ans Umkehren wollte sie gar nicht denken. Sie kannte den Weg, eigentlich. Aber sie konnte keine zwei Meter weit sehen bei der Dunkelheit und all dem peitschenden Regen. Und als sie merkte, dass sie gar nicht mehr auf dem steinigen Pfad lief, sondern irgendwie in sumpfiges Gelände geraten war, da bekam sie doch ein bisschen Angst und beschloss, dass heute nicht der richtige Tag war, um von zu Hause fortzulaufen.

Sie wollte gerade umkehren, da fiel Eusebius vom Himmel. Wie ein kleiner, schwach leuchtender Komet schoss er durch die Regenschleier und landete mit einem satten PFLATSCH! im Matsch.

Natürlich bekam Mirjam einen mächtigen Schreck. Aber sie war viel zu neugierig, um einfach davonzulaufen. So schlich sie vorsichtig an das merkwürdige Ding heran, das da vom Himmel gefallen war, und erkannte schließlich einen alten Mann. Eusebius war über und über mit Schlamm bedeckt, aber das sanfte Leuchten des Engels reichte aus, um seine Gestalt in der Dunkelheit erkennen zu können.

Er rührte sich nicht. Mirjam ging einmal um ihn herum. Seine Augen waren geschlossen. Der Körper komisch verdreht. Mirjam konnte sich nicht erklären, warum hier plötzlich ein alter Mann vom Himmel fiel. Und offenbar hatte er den Sturz nicht überlebt. Sie stupste ihn an. Erst mit dem Fuß, dann mit der Hand. »Hallo! Hallo! Lebst du oder bist du tot?«

Als sich der alte Mann nicht rührte, wollte Mirjam davonlaufen. Das war ihr dann doch zu unheimlich! Aber da sah sie die Flügel: ein alter Mann mit Flügeln, der vom Himmel fiel? Was war denn das?

Sie nahm die Flöte und blies ihre Melodie, um sich Mut zu

machen. Da öffnete Eusebius sofort die Augen und richtete sich ein wenig auf im Schlamm. »Moment! Was hör ich da?«

»Oh!«, sagte Mirjam. »Du lebst?«

»Was denkst du denn?«, knurrte Eusebius.

»Ich dachte, du bist tot, weil du von da oben ... also, weil du doch vom Himmel gefallen bist.«

»Ich bin nicht tot. Ich bin doch ein Engel«, sagte Eusebius.

»Ach so«, sagte Mirjam. »Und Engel sind unsterblich?«

»Das ist jetzt nicht das Thema«, sagte Eusebius missmutig und stand auf. »Was hast du da?«

»Meine Flöte. Ich spiel gegen den Wind und die Angst. Das hilft.«

»Hm? Ein bisschen Flötengepiepse wird nicht viel helfen in dieser Nacht, fürcht ich.«

Dieser Engel sah erbärmlich aus. Der Umhang nass und verdreckt, die Flügel geknickt und schwarz vom Schlamm. Die langen Haare hingen ihm wie dünne Spinnwebfäden übers Gesicht.

»Kann ich dir vielleicht irgendwie helfen?«, fragte Mirjam. »Ich heiße übrigens Mirjam.«

»Mir kann keiner helfen«, knurrte Eusebius. »Oder hast du vielleicht meine Noten gefunden?«

»Was für Noten?«, fragte Mirjam. »So was hier?« Sie gab ihm das Blatt Papier, das ihr der Wind zugeweht hatte. Eusebius erkannte es sofort und schien aufzublühen. Sein Strahlen wurde augenblicklich heller, aber es schwand auch gleich wieder; denn auf dem Blatt war nichts zu sehen als die Schlieren von verflossener Tinte. Eusebius sackte in sich zusammen. Ein trauriger Haufen durchweichter Hoffnungslosigkeit.

Er tat Mirjam leid. »Erzähl doch mal! Es gibt immer einen Ausweg. Wie heißt du eigentlich?«

»Eusebius«, sagte der alte, müde Engel und dachte eine Weile nach. »Diesmal gibt es keinen Ausweg. Ich hab's vermasselt, weil auf mich kein Verlass mehr ist. Ich kann nicht mehr gut fliegen, seh nicht richtig, verwechsle die Sachen und kann mir nicht mal mehr die einfachsten Melodien merken. Früher, da hätt ich keine Noten gebraucht. Da hätt ich mir so ein Lied einfach gemerkt. Lalalala.« Er krächzte ein paar Töne, aber Mirjam erkannte keine Melodie.

Sturm und Regen hatten ein wenig nachgelassen. Mirjam konnte ihre Lampe anzünden. Jetzt saßen sie unter einem Baum, wärmten sich die Hände an der kleinen Flamme und Eusebius erzählte Mirjam, worum es ging.

In Bethlehem, in einem Stall, sollte heut Nacht ein Kind zur Welt kommen. Ein ganz besonderes. So besonders, dass sich eigentlich die ganze Welt darüber freuen müsste. Aber da gab es finstere Mächte, die wollten dem Kind schaden. Nicht nur der König des Landes, der Angst hatte, es könnte ihm ein Konkurrent geboren werden, sondern noch viel schlimmere: Geister, Dämonen und am Ende der Teufel selbst. Der ganze Himmel war ziemlich nervös deswegen und hatte seinen schönsten und besten Engelschor losgeschickt. Und die himmlischen

Komponisten hatten extra ein neues Lied geschrieben; denn solange der Chor dieses Lied sang, würden die bösen Geister keine Macht über das Kind bekommen. Und nun hatte Eusebius die Noten dieses Liedes verloren.

»Vielleicht können sie es auswendig«, sagte Mirjam.

»Wie denn?«, seufzte Eusebius. »Sie haben doch die Noten noch nicht mal gesehen, weil die Komponisten erst in der letzten Minute fertig geworden sind. Nicht mal der Text ist ganz übersetzt. Die Hälfte ist noch in Latein.«

»Aber du kennst den Text und die Noten?«

»Hab das Stück gesehen, ja. Und früher, da hätte das gereicht. Einmal gesehen, schon gemerkt. Eusebius, der kann alles singen, sofort. Ach, das ist lange her.« Eusebius seufzte und sank noch ein bisschen weiter in sich zusammen.

Aber Mirjam war keine, die so schnell aufgab. »Denk nach! Die Melodie! Oder ein paar Worte! Eusebius! Komm! Denk an das kleine Kind in Bethlehem! Und die bösen Dämonen!«

»Lalalala«, krächzte Eusebius, »nein, ich weiß es nicht mehr.«

»Und der Text?«

»Irgendwas mit alfa eseto.«

»Alfa eseto?«

»Ja, alfa eseto-o. – Oder so was Ähnliches. Ach, es hat keinen Sinn. Ich weiß ja nicht mal, wo dieses Bethlehem liegt.«

»Aber ich«, sagte Mirjam, »ich wohn da. Ich bring dich hin. Dann sehen wir schon.« Sie griff dem alten Engel unter den Arm und half ihm hoch. »Kannst du gehen?«

»Natürlich«, sagte Eusebius mürrisch. »Wenn auch ungern. Ein Engel – und gehen, phh!«

Da legte Mirjam ihre kleine Mädchenhand in die schrumpelige Hand des alten Engels und führte ihn zurück auf den Weg in Richtung Bethlehem. Das war nicht schwer, denn Eusebius leuchtete ja, wenn auch nur ganz leicht.

Sie waren noch nicht weit gekommen, da meldete sich der Sturm zurück. Und diesmal musste Eusebius nicht lange rätseln. Es war kein gewöhnliches Sibirien-Tief, es waren die Sturmdämonen und die Nebelgeister, die Windsbräute und die Wetterhexen, die Nachtalben mit ihren blutzahnigen wilden Hunden, die Trolle und Werwölfe, kurz, die ganze wilde Jagd, die sich am Horizont sammelte zum Sturm. Ein höllischer Sturm, alles überrollend und nicht aufzuhalten. Durch nichts und niemanden auf der Welt, es sei denn, man kannte den richtigen Ton, die richtige Melodie, das eine Lied, das sie nicht ertragen konnten, die Teuflischen, weil es so schön war, dass es für sie so schrecklich klang.

»Los, rennen wir!«, rief Mirjam. »Wir müssen es schaffen!«

Es war schon sehr lange her, dass der alte Engel Eusebius gerannt war. Gleich taten ihm die Füße weh und die Hüftgelenke und die Knie zwickten. Wie sollten sie je bis nach Bethlehem kommen? Und selbst wenn, was konnten sie dann ausrichten, ein kleines Mädchen und ein müder Engel ohne Noten und ohne Stimme? Trotzdem lief Eusebius neben Mirjam her. Er hielt die kleine Mädchenhand ganz fest, als würde durch sie neue Lebenskraft in ihn hinüberfließen. Und die Zuversicht des Kindes, das nicht zulassen wollte, dass die bösen Kräfte siegten, gab ihm selbst ein Stück seiner Kraft zurück.

So erinnerte er sich plötzlich auch wieder an ein paar Zeilen und Verse: »Unsres ... Herzens ... Wonne ...« und »leuchtet ... als die Sonne ...« Ja. Und irgendwas mit »praesepio ...« Denk nach, alter Eusebius, denk nach! »Praesepio ...«

Eusebius dachte nach. Und schnaufte; denn Mirjam zog ihn hinter sich her, so schnell sie konnte. Und das war auch

nötig. Der Sturm fing an. Mit Wetterleuchten, unzähligen Blitzen, weit entfernt, noch ohne Donner. Aber nicht bloß aus einer Richtung, sondern rundum, als wollte das Unheil sie einkreisen.

»Ich hab noch nie so ein Wetter erlebt«, rief Mirjam laut, denn der aufkommende Wind trug ihre Stimme sofort davon.

»Es war auch noch nie so eine Nacht«, rief Eusebius.

»Ein Gewitter kommt sonst immer von Westen, vom Meer her, aber das hier ist überall!«

»Weil die finsteren Kräfte überall sind. Sie wissen, dass ihre Macht bedroht ist. Das wissen sie genau und deshalb rotten sie sich so zusammen.«

»Aber warum ziehen sie gegen uns?«, fragte Mirjam.

»Weil sie denken, dass ich das Lied besitze«, sagte Eusebius. »Da!«

Er deutete auf einen Wolkenwirbel, der am Horizont entstanden war und sich nun sehr schnell auf sie zu bewegte. Ganz unten und ganz oben war er nachtschwarz, aber in der Mitte leuchtete er gelblich, giftig, schwefelig. Er riss Sand hoch und Büsche, saugte sie in seinen wirbelnden Schlund und spie sie oben wieder aus. Es sah grauslich aus. Und dieses Monster raste auf sie zu, direkt auf sie zu, als hätte es Augen oder Fühler, die ganz genau spürten, wo in der finsteren Nacht diese beiden Staubkörner Eusebius und Mirjam standen.

Mirjam hielt ihre kleine Flöte fest umklammert, aber ihr war klar, dass sie das, was da auf sie zukam, mit ein paar Flötentönen nicht aufhalten konnte.

»Das Lied, Eusebius! Dein Lied!«, rief Mirjam voller Angst. »Der Wirbelsturm verschlingt uns!«

»Wenn ich es nur wüsste«, murmelte Eusebius. »Wenn ich es nur wüsste!«

»Wenn du dich nicht erinnerst, dann sterben wir«, rief Mirjam.

»Nein«, sagte da Eusebius. »Mach dir keine Sorgen, ich war früher auch mal Schutzengel.« Er zog Mirjam nah an sich heran und schlang seinen Umhang um sie. Es würde nicht viel helfen, gegen diesen Sturm, das wusste er. Und ob er Mirjam mit seinen ramponierten Flügeln würde tragen können, das war auch nicht sicher. So schloss er die Augen und überließ sich dem Schicksal.

Allerdings murmelte er die paar Verse, die ihm vorhin wieder eingefallen waren: »Unsres Herzens Wonne liegt in praesepio-o-o und leuchtet als die Sonne ...«

Und so kam es, dass die Wirbelsturmdämonen im letzten Augenblick ein kleines Stückchen abgelenkt wurden. Die Windhose traf Eusebius und Mirjam nicht ganz. Sie wurden zwar gepackt und in die Luft gewirbelt. Aber sie flogen nicht viel höher als ein Hausdach. Eusebius flatterte heftig mit seinen Flügeln und brachte sich und Mirjam einigermaßen heil auf den Boden zurück.

»Bist du noch ganz?«, fragte Eusebius.

»Ja. Und du?«

»Na ja«, sagte Eusebius und renkte seine verbogenen Glieder wieder ein. »Einen Schönheitswettbewerb würde ich nicht mehr gewinnen.«

»Für mich bist du der schönste Engel, den ich je gesehen habe«, sagte Mirjam und gab Eusebius einen Kuss. »Und jetzt lass uns schnell weitergehen, vielleicht können wir das Kind noch retten.«

»Da seh ich schwarz«, murmelte Eusebius.

»Ein Schutzengel darf nicht schwarzsehen!«, sagte Mirjam. Sie nahm seine Hand und zog ihn fort in Richtung Bethlehem.

Die Sturmdämonen zogen sich weiter mit Blitz und Donner über ihnen zusammen. Das hatte auch sein Gutes, denn so konnte Mirjam den Weg besser erkennen und sie kamen schneller voran. Aber gleichzeitig kamen die Blitze immer näher und bald zuckten sie nicht nur über den Himmel, sondern sie schlugen ringsum in den Boden ein.

Und als Mirjam und Eusebius gerade an einer mächtigen alten Tamarinde vorbeikamen, da traf ein Blitz den Baum und spaltete ihn mittendurch, von oben bis unten. Sofort brannte die ganze Tamarinde lichterloh. Wie eine riesige Fackel stand sie da und leuchtete hell über das ganze Land, schrecklich und schön zugleich.

Aber Mirjam und Eusebius blieben nicht stehen. Sie sahen ja, was für Kräfte hier am Werk waren. Und obwohl sie keine Ahnung hatten, was sie gegen diese Kräfte tun konnten, liefen sie weiter; denn sie hatten die ersten Lichter von Bethlehem am Horizont gesehen.

Mirjam und Eusebius fanden den Stall gleich, in dem das Kind geboren worden war. Ein merkwürdiger Schimmer lag auf dem Haus. »Nicht so hell, wie er sein müsste«, sagte Eusebius. »Sie haben die Katastrophe schon bemerkt.«

Der helle Schimmer kam von den Engeln, die sich im Stall versammelt hatten. Die Hütte war alt und schief und tiefe Risse

klafften in den Wänden, so tief, dass Mirjam die Engel schon von draußen sehen konnte. Traurig standen sie da, jeder hatte eine weiße Chormappe in der Hand, aber niemand hatte sie aufgeschlagen. Es war klar, warum. Überall auf dem Boden lagen weiße Blätter, leeres Papier, Butterbrotpapier.

In der Ecke, in der man früher mal die Ziegen angebunden hatte, saßen ein Mann und eine Frau und schauten auf ein Neugeborenes in einer Futterkrippe. Auch sie sahen traurig aus, obwohl sie sich doch hätten freuen müssen über ihr wunderbares, gesundes Kind. Aber sie froren, ihre Kleider waren nass, das Dach war undicht und der Regen sickerte überall durch die zerbrochenen Ziegel.

Mirjam aber war erst mal erleichtert, als sie das Baby sah. »Es geht ihm gut!«, sagte sie. »Schau, Eusebius, es geht ihm gut.«

»Noch«, sagte Eusebius und zog Mirjam an sich; denn in diesem Augenblick kamen sie. Wie in einem Feuerball schoss die wilde Jagd heran: Zottelwesen mit fingerlangen Reißzähnen, Teufelsfratzen mit glühenden Augen, geifernde Hunde mit blutenden Lefzen und voran die grausige Sturmhexe mit Rumpelglocken und Peitschenknall. Das war ein Krawall und ein Lärmen, dass einem allein davon schon angst und bange wurde.

»Schnell in den Stall!«, rief Eusebius und zog Mirjam hinter sich her zur Tür hinein.

Drinnen gab es ein großes Geschrei. Als die Engel Eusebius sahen, stürmten sie sofort auf ihn los und hätten ihn wahrscheinlich erdrückt, wenn nicht der Chorleiterengel sie mit seiner Donnerstimme zurückgehalten hätte: »Lasst ihn! Sicher hat er die Noten.«

»Glaub ich nicht«, murrten die Engel. »Er hat's wieder mal vermasselt.« Aber andere wollten die Hoffnung nicht aufgeben: »Nein, nein, er hat sie. Alles wird gut.«

Aber er hatte sie nicht. Und nichts wurde gut.

Die wütenden und enttäuschten Engel wollten sich gerade wieder auf Eusebius stürzen, da kam der erste Angriff. Fauchend und brüllend rannte die wilde Jagd gegen die Tür an, dass der ganze Stall wankte. Die junge Mutter barg ihr Kind unter ihrem Umhang und der Vater breitete seine Arme um die kleine Familie.

»Du musst was tun!«, rief Mirjam. »Du. Musst. Jetzt. Was. Tun! Du bist ein Schutzengel!«

»Ich bin nur noch ein Notenwart!«, jammerte Eusebius.

Da kam schon der nächste Angriff. Die Scharniere der Tür brachen aus der Wand, die Riegel bogen sich unter der Gewalt des Ansturms. Alle waren starr vor Angst, die Familie, die Engel und auch der alte Notenwart.

Da nahm Mirjam ihre Flöte und spielte. Es war sinnlos, nur eine kleine Flöte und eine kleine Melodie. Sie konnte nicht die Welt retten, aber irgendwas musste Mirjam tun.

»Was ist das?«, rief da Eusebius.

»Mein Lied«, sagte Mirjam und spielte weiter.

»Nein. Ich kenn das«, sagte Eusebius. »Du hast das schon gespielt, als ich vom Himmel gefallen war.«

»Ja, ich wollte dich aufwecken«, sagte Mirjam.

»Spiel noch mal, aber langsamer.«

Sie spielte.

»Langsamer! Und jetzt anders betonen: Taa-Tam-Taa-Tam. Ja, ja, ich glaub, ich erinnere mich. Taa-Tam-Taa-Tam. Ja, das ist es. Jetzt erinnere ich mich. In dulci jubilo-o-o.«

Mirjam spielte und veränderte ihre kleine Melodie so, wie Eusebius es ihr sagte. Und da sah sie, wie sich der alte müde Engel verwandelte. Er streckte sich und begann zu strahlen und seine Stimme wurde sicherer und das Krächzen wich einem weichen Bass, während er die ersten Textzeilen ausprobierte. Und dann stellte er sich vor den Engelschor und sang ihnen das Lied vor, das ihm wieder eingefallen war, Zeile für Zeile. Und der Chor wiederholte es Wort für Wort und Ton für Ton. Und mit jedem Ton wurden die himmlischen Sänger sicherer, bis schließlich ihr Gesang und ihr Strahlen den ganzen Stall verwandelt hatten, als wäre er ein Stück des Himmels:

In dulci jubilo, nun singet und seid froh!
Unseres Herzens Wonne liegt in praesepio
und leuchtet als die Sonne
matris in gremio. Alpha es et O, Alpha es et O.

In dem Augenblick brachen die wilden Dämonen mit Geschrei und Hurra durch die Tür. Aber sie verstummten sofort, als sie das Lied hörten, und zogen die Schwänze ein wie geprügelte Hunde. Und dann krochen sie winselnd zurück und zur Tür hinaus und verschwanden für lange Zeit hinter den höchsten Bergen ...

Die Engel aber sangen die ganze Nacht ihr Lied. Und Mirjam spielte dazu auf ihrer Flöte. Und irgendwo im zweiten Bass stand ein alter Notenwart und sang mit den andern so schön, wie es auch ein junger Schutzengel nicht besser gekonnt hätte.

Das kleine Weihnachtstier oder Wenn die Teufel Schlitten fahren

Wenn's draußen wieder kalt wurde und der Schnee über die Berge kam, dann dachten sie tief unten in einer ganz besonderen Ecke der Hölle immer an jenes total vermasselte Weihnachtsfest bei der Familie Bichlmeier. Eigentlich hätte nie einer der Weihnachtsteufel davon erfahren sollen, höllisches Schweigen war vereinbart worden, aber die Teufel erfuhren es doch. Und dann grinste die Höllenbrut und knurrte hämisch: »Ja, so kann's gehen, wenn die Teufel Schlitten fahren.«

Der Alte Teufel wurde dann jedes Mal gelb vor Wut und zischte: »Darüber wird nicht geredet!« Der Kleine Weihnachtsteufel aber zog den Kopf ein und kroch noch ein bisschen tiefer in seine Ecke hinter dem glühenden Feuerofen. Schließlich war er der höllische Schlittenfahrer gewesen und hatte ein teuflisches Donnerwetter über sich ergehen lassen müssen. Auch wenn er insgeheim dachte: Was ist schon Schlimmes passiert? Eigentlich war es doch ganz schön.

Und wie es wohl dem Tierchen geht?, dachte er auch immer. Dem Tierchen mit den weichen, rosaroten Pfoten und dem schönen, samtigen, kuschelbraunen Fell und dem kleinen, feinen, schwarzen Näschen und den großen, dunkelbraunen, lieben Augen, die sooo schauen konnten, durch alles Teuflische hindurch, bis in dich hinein, ganz tief?

Ach, er wusste es noch ganz genau, wie alles anfing …

»Hilft nichts! Er muss!«, hatte der Alte Teufel damals gebrüllt. »Ich hab zu wenig Leute und er hockt hinter dem Ofen!«

»Ja, freilich doch«, hatte die Teufelin gesagt, »aber er ist doch noch so … unreif.«

»Was unreif?! Ein Weihnachtsteufel ist keine Ananas!« Der Alte Teufel wollte nicht diskutieren. »Hinter dem Ofen wird er nicht reifer. Er weiß doch, worum es geht: um den Unfrieden in der Welt. Immer zu Weihnachten werden die Leute rührselig und geben sich plötzlich Mühe, weniger zu zanken und zu streiten. Das verhindert ein Weihnachtsteufel. Ganz einfach. Das kann jeder. Sogar der da.«

Natürlich wusste der Kleine Weihnachtsteufel, was man tun musste, damit die Menschen bei Neid und Niedertracht blieben und nicht zu freundlich wurden. Oft genug hatte die ganze Teufelsbande nach getaner Arbeit um den Feuerofen gesessen und voller Schadenfreude von ihren Bosheiten erzählt. Aber der Kleine Weihnachtsteufel war sich nie ganz sicher gewesen, ob er wirklich so sein mochte wie sie.

Und ehrlich gesagt wollte die Teufelin ihren Kleinsten ganz gern noch ein bisschen für sich behalten. Deshalb sagte sie: »Und wenn er es vermasselt, weil er noch so klein ist?«

»Er ist nicht klein«, brüllte der Alte Teufel. »Und er vermasselt es auch nicht. Er kriegt die Familie Bichlmeier. Das weiß schließlich jeder, dass die keine Nachhilfe brauchen beim Streiten. Bei denen geht alles von selber schlecht aus.«

»Oh! Freilich. Ja«, sagte da die Teufelin.

Der Kleine Weihnachtsteufel war nicht ganz bei der Sache. Er dachte plötzlich an feinen Schnee. Da kann man schon mal sehen, dass er ein wenig anders war. Ein Teufel denkt gern hart und spitz und glühend heiß. Der Kleine Weihnachtsteufel aber dachte an watteweichen, kühlen Schnee.

Er hatte mal davon gehört, dass Kinder im Winter viel Spaß mit einem Schlitten hatten. Und er dachte, es müsste doch ein Vergnügen sein, einmal mit so einem Ding durch die flockenweiche Kälte zu sausen.

»Mit einem Schlitten?! Bist du verrückt geworden?«, brüllte der Alte Teufel.

»Nein. Warum?«, fragte der Kleine Weihnachtsteufel. »Ich könnte doch mit dem Schlitten zu der Familie Bichlmeier fahren. Bloß hinfahren, ist doch nichts dabei.«

»Ja, freilich, warum eigentlich nicht?«, sagte die Teufelin schnell. Sie wusste, dass der Alte das nicht erlauben würde. Ein Teufel reitet auf einem feurigen Besen und fertig! »Warum nicht? Familie Bichlmeier wohnt doch am Fuße eines Berges. Du bringst den Kleinen mit dem Besen auf den Berg. Dann setzt er sich auf den Schlitten und saust denen mitten ins fröhliche Weihnachtsfest, dass es nur so kracht.«

Die Teufelin war sicher, dass der Alte sie nun ebenfalls für verrückt erklären und vielleicht von dem ganzen Plan ablassen würde. Der Alte Teufel sagte auch, sie müssten wohl alle verrückt geworden sein. Aber dann knurrte er: »Meinetwegen.«

»Wie bitte?«, sagte die Teufelin.

»Ich darf?«, rief der Kleine Weihnachtsteufel.

»Du verbietest es nicht?«, sagte die Teufelin.

»Man muss den Streit ja nicht zu Hause haben,« knurrte der Alte und setzt sich ein bisschen in die Glut, um sein Gliederreißen ein wenig zu lindern.

Und so kam es, dass sich der Alte Teufel am frühen Morgen des Heiligen Abends auf seinen Feuerbesen hockte, hinten dran einen rostigen alten Hörnerschlitten, der noch irgendwo herumgestanden hatte, und darauf der Kleine Weihnachtsteufel mit Pudelmütze, Schal und ein Paar dicken Fäustlingen.

»Du glaubst also wirklich, dass er es schon kann?«, seufzte die Teufelin nun wieder sehr besorgt und zog dem Kleinen die Mütze noch mal fest zwischen die Hörner.

»Weg da jetzt!«, rief der Alte Teufel. »Wir starten!«

Es war noch dunkel. Der Alte Teufel hatte darauf geachtet, dass niemand ihren Aufbruch beobachten konnte; denn hätte man sie gesehen, dieses komische Gespann aus Teufelsritt und Schlittenfahrt, die Welt wäre womöglich davon schon ein wenig freundlich geworden vor lauter mauloffenem, heiterem Staunen. Das durfte nicht passieren.

Als es hell wurde, landeten sie auf der Bergkuppe. »Da

unten, das ist das Haus«, sagte der Alte Teufel. »Siehst du es?«

»Ich seh's«, sagte der Kleine Weihnachtsteufel. Er hatte ein bisschen klamme Finger, weil der Alte Teufel ganz schön losgezischt war.

»Also, ganz einfach: Du gehst da hin. Keiner sieht dich, aber du siehst alles. Du lässt es kommen, wie's kommt, und hilfst gelegentlich ein bisschen nach: Backrohr bisschen höher stellen, schon brennt der Braten an; einmal eine Kralle ausfahren, schon hat die Lieblingsstrumpfhose ein Loch; und am Ende einmal herzhaft mit glühendem Atem in den Christbaum gepustet, schon verliert er die Nadeln. Den Rest machen die Bichlmeiers alleine. Das kriegst du hin. Du kennst die Regeln: Tu nichts Freundliches …«

»... wenn du auch was Gemeines tun kannst«, sagte der Kleine Weihnachtsteufel und nickte.

»Wenn du einem Menschen aufhelfen willst ...«

»... musst du ihm vorher ein Bein stellen. Jaja.«

»Und natürlich die Grundregel: Nichts verdirbt dem Teufel die Suppe so sehr ...«

»... wie Mitleid«, sagte der Kleine Weihnachtsteufel.

»Dann los und mit einem Hui! den Berg hinunter! Ich hol dich am Abend wieder ab.« Der Alte Teufel gab dem Schlitten einen Schubs, schwang sich auf seinen Besen und zischte davon.

Der Kleine Weihnachtsteufel hielt sich an den Schlittenhörnern fest und glitt durch den verschneiten Winterwald den Abhang hinunter. Die Sonne kam gerade über die gegenüberliegende Bergkuppe. Der Schnee glitzerte. Erst bremste der Rost auf den Schlittenkufen noch ein bisschen, auch steckte der Kleine Weihnachtsteufel immer wieder seinen Huf in den Schnee. Aber dann ließ er den Schlitten immer mehr laufen. Der weiche Schnee wirbelte um ihn herum. Äste, die er streifte, warfen ihre Last ab und puderten den kleinen, schwarzen Gesellen wie einen schneeweißen Zuckergussengel. Manchmal stieß er einen Schrei aus, wenn der Schlitten über einen Huckel sauste und kurz durch die Luft flog. Es waren Schreie des Glücks. Noch nie war ein Kleiner Weihnachtsteufel so glücklich gewesen. Er machte schnell die Augen zu und wieder auf, um zu prüfen, ob er nicht träumte ...

Er träumte nicht, aber er hätte die Augen nicht zumachen sollen. Denn plötzlich war da eine freistehende Fichte vor ihm. Sie hatte Äste bis zum Boden und war tief verschneit. Der Kleine Weihnachtsteufel versuchte auszuweichen. Aber eine Bodenwelle warf ihn in die Luft und dann geradewegs in das dichte Geäst der Fichte. Schnee und Zweige nahmen dem Aufprall die Wucht, sodass sich der unglückselige Schlittenfahrer nicht allzu weh tat. Er purzelte durchs Astwerk zu Boden und im nächsten Augenblick lud der Baum seine ganze Schneeladung über ihm ab.

Der Schnee war leicht und luftig, und als sich der Kleine Weihnachtsteufel aus dem Schneeberg herausgewühlt hatte, musste er lachen. Und er dachte – immer noch glücklich: Schön, dass ein kleiner, boshafter Teufel so einen feinen Weihnachtstag erleben darf.

In diesem Augenblick fiel ihm das Tierchen in die Arme. Hatte offenbar in dem Baum gesessen. Vom Himmel gefallen konnte es ja wohl nicht sein. Hatte sich wahrscheinlich nicht mehr festhalten können in seinem Nestchen, als er in den Baum gekracht war. Schaute ihn jetzt mit großen, ängstlichen Augen an, aber irgendwie auch froh, eine menschliche Seele gefunden zu haben, mitten im kalten Winter.

Der Kleine Weihnachtsteufel wusste nicht so recht, was er mit dem Ding anfangen sollte. Er dachte: Erstens bin ich keine menschliche Seele und zweitens kenne ich meine Grundsätze: kein Mitleid! Aber drittens hatte das Tierchen so weiche, rosarote Pfoten und ein so schönes, samtiges, kuschelbraunes Fell und ein kleines, feines, schwarzes Näschen und diese großen, dunkelbraunen, lieben Augen, die sooo schauen konnten, durch alles Teuflische hindurch, bis in dich hinein, ganz tief, so tief, dass man schon mal einen

Grundsatz vergessen konnte oder zwei oder einfach alle.

Tja, so kann's gehen, wenn die Teufel Schlitten fahren ...

Allmählich fiel dann dem Kleinen Weihnachtsteufel wieder ein, warum er eigentlich unterwegs war. »Also«, sagte er, »schön, dich kennengelernt zu haben. Ich muss aber jetzt weiter.« Er versuchte, das Tierchen auf einem Ast abzusetzen. Doch es klammerte sich an seinem Daumen fest.

»Du willst nicht auf deinen Baum zurück?«

Das Tierchen schüttelte heftig den Kopf und fing an zu zittern.

»Du frierst?«

Ja, nickte das Tierchen, ganz heftig.

»Du willst, dass ich dich mitnehme?«

Ja, ja, ja, nickte das Tierchen und bei jedem Nicken machte es die Augen zu und wieder auf, dass dem Kleinen Weihnachtsteufel ganz schwummrig wurde.

Seine Fäustlinge hingen an einem Band um seinen Nacken. Er schlüpfte aus dem linken raus und setzte das Tierchen hinein. »Ist das gut so?«, fragte er.

Ja, nickte das Tierchen.

»Aber das ist kein Mitleid! Dass du das weißt!«, sagte der Kleine Weihnachtsteufel. »Kein Mitleid! Grundsätzlich nicht!«

Jaja, nickte das Tierchen und dann machte es die Augen zu und schlief ein.

Da hörte man Stimmen in der Nähe, eine Vaterstimme und eine Sohnstimme. Der Kleine Weihnachtsteufel schlich sich näher ran.

»Diesmal will ich aber einen ganz schönen, Papa«, sagte die Sohnstimme.

»Diesmal holen wir uns den schönsten aller Zeiten«, sagte die Vaterstimme.

»Diesmal machen wir überhaupt alles schön zu Weihnachten, stimmt's, Papa?«

»So ist es, mein Sohn. Und so fängt's an: Die Männer holen den Baum und die Frauen bereiten zu Hause alles vor.«

»Bloß Gustav ist nicht da«, sagte Friedo.

»Auf den Kerl war noch nie Verlass! Welchen nehmen wir jetzt? Such dir den schönsten aus!«

Der Kleine Weihnachtsteufel schaute sich den Mann mit seiner Fellkappe an. In der einen Hand trug er eine Axt, die andere lag auf der Schulter eines kleinen Jungen, sechs oder sieben Jahre alt: Friedo mit seinem netten Papa offensichtlich.

Ich bin hier falsch, dachte der Kleine Weihnachtsteufel, das sind niemals die Bichlmeiers: So ein netter Papa und so ein netter Sohn und dauernd reden sie vom schönsten Weihnachten aller Zeiten?

Der Kleine Weihnachtsteufel wollte sich schon verziehen, da hörte er plötzlich ein Knattern in der Ferne. Es war noch ein Stück weg, aber im Wald war es ja ganz still, mal ein Knistern und Knacken in den Zweigen, mal ein Schneerieseln von den Bäumen, sonst nichts. Da war so ein Höllenknattern weit zu hören.

Vater und Sohn hatten es auch gehört. »Das darf doch nicht wahr sein!«, rief der Vater. »Der wird doch nicht mit seiner Karre in den Wald brettern!?«

Aber genau so war es. Ein schweres Motorrad mit einem schweren Motorradfahrer drauf donnerte - eingehüllt in einen Flockenwirbel - den Waldweg herauf wie ein Blizzard und bremste so knapp vor Vater und Sohn, dass diese zur Seite springen mussten und in den Schnee fielen.

»Bist du wahnsinnig, Gustav!«, brüllte der Vater. Und als er sah, wer hinten auf dem Motorrad saß, wurde er noch wütender: »Was machst du denn auf dem seiner Karre?!«

»Wieso?«, sagte Gustav und nahm den Helm ab. »Ich hab doch gesagt, ich komm zum Baumholen. Und das Dorle wollte mitfahren.«

»Sie heißt Doris«, zischte der Vater.

»Nun reg dich doch nicht so auf, Kurti«, sagte Doris. Sie war die neue Freundin von Papa, und Friedo war noch nicht sicher, ob er sie mochte.

»Sag nicht Kurti zu mir«, knurrte der Vater.

»Ach, Kurtilein, sei lieb, es ist doch Weihnachten. Deine Frauen wollten mich nicht dabei haben im Haus. Da hat dein lieber Cousin mich mitgenommen.«

»Großcousin«, sagte der Vater.

»Der fährt einen heißen Ofen, das kann ich dir sagen.«

»Ich hab nicht gewusst, dass du auf heiße Öfen stehst«, sagte der Vater spitz.

Gustav hatte den Helm aufs Motorrad gelegt. Er trug einen Pferdeschwanz und einen Bart wie ein Mongole. Er war am ganzen Körper tätowiert, aber jetzt sah man nur eine kleine Träne unter dem rechten Auge. »Habt ihr schon einen ausgesucht?«

»Den da, den schönen da«, sagte Friedo.

Gustav schaute sich den Baum an und war gar nicht damit einverstanden. So einen schönen Baum könne man nicht schlagen. Ein Solitär! Das wird mal eine prächtige Tanne, die dürfe man nicht als Baumkind abhacken. Das sei ein Frevel an der Natur.

»Du redest von Natur?«, sagte der Vater. »Ausgerechnet du! Und verpestest die Luft mit deiner Karre!«

»Wollt ihr den Baum heimtragen?«, sagte Gustav.

»Nein«, sagte Friedo.

»Natürlich«, sagte der Vater.

»Man muss einen schlechten Baum nehmen, da hat Gustav eigentlich recht«, sagte Doris. »Der Stall von Bethlehem war auch nicht grade ein Schloss!«

»Hältst du jetzt zu dem?«, sagte der Vater.

»Ich will aber keinen schlechten Baum«, sagte Friedo.

»Bist du eifersüchtig, Großcousin?«, sagte Gustav grinsend.

»Das ist doch alles Blödsinn!«, schrie der Vater, »Blödsinn, Blödsinn, Blödsinn!«, und hackte den schönen Baum um.

»Du bist so ein ...«, Gustav verschluckte den bösen Rest des Satzes. Der Tag war noch lang. »Steig auf, Dorle!«

»Du fährst nicht mit dem, Doris!«

»Nein, mach ich doch nicht, Kurti«, sagte Doris, die merkte, dass sie jetzt besser nicht mehr widersprechen sollte.

»Einer muss aber den Baum halten, wenn ich fahr«, sagte Gustav.

»Ich kann das, Papa«, sagte Friedo.

»Niemals«, sagte der Vater. »Du steigst mir niemals auf dieses Höllending!«

»Ich will aber!«, sagte Friedo.

»Mannomann, das fängt ja gut an«, knurrte der Vater.

Sie banden den Baum ein bisschen zusammen. Gustav stieg aufs Motorrad und Friedo auf den Sozius. Der Vater reichte ihnen den Baum und Gustav startete die Maschine.

»Halt dich bloß fest!«, sagte der Vater.

»Mach ich doch, Papa«, sagte Friedo.

»Und du fährst gefälligst vorsichtig!«

»Ich fahr immer vorsichtig«, sagte Gustav und ließ den Motor aufheulen.

Der kleine Weihnachtsteufel hatte alles gehört und war nun sicher, doch bei seinen Bichlmeiers gelandet zu sein. Das Tierchen war auch schon lange wieder aufgewacht in seinem Fäustling, aber es hatte sich still verhalten. Lieber nicht auffallen bei so viel Krach und Zank. Der Kleine Weihnachtsteufel dagegen fühlte sich sehr wohl. Es lief alles nach Plan. Er musste nur dranbleiben.

»Wir fahren mit«, flüsterte er. »Zieh den Kopf ein, damit sie dich nicht sehen.« Er flitzte die kurze Strecke zum Waldweg hinüber und sprang mit einem kühnen Satz auf den Christbaum, gerade als Gustav mit seinem Feuerstuhl davonbrauste.

Gustav fuhr natürlich nicht langsam, weil er nie langsam

fuhr. Aber Friedo fand es toll und der Kleine Weihnachtsteufel auch. Er hockte in den Zweigen des Christbaumes und war zum zweiten Mal glücklich. Fast hätte er gedacht: weihnachtsglücklich.

Bald sah er am Waldrand das Haus von Tante Elsie auftauchen. Ein verwunschenes Holzhaus mit einer Rauchfahne, das sich malerisch in die Baumlichtung schmiegte. Es lag so idyllisch, dass sich die Familie jedes Jahr zu Weihnachten wieder dort traf, obwohl sie hinterher jedes Mal schworen: nie wieder! Aber jedes Mal hofften sie auch, dass sie es diesmal schaffen würden, freundlich zu bleiben. Besonders Friedo, der seit Jahren nur zwei Wünsche hatte: alle zusammen. Und alle lieb. Und vielleicht ein ganz kleines Tierchen als Weihnachtsgeschenk ...

Tessi machte die Tür auf: »Da seid ihr ja endlich!« Tessi war zwölf, hatte violette Gelhaare und einen asymmetrischen Haarschnitt. Früher hatte sie sich auch immer freundliche Weihnachten gewünscht, aber sie war jetzt groß und glaubte nicht mehr, dass das Wünschen helfen könnte.

Tante Elsie erschien hinter ihr in der Tür. Sie hatte ihren seidenen Hausmantel an und dicke Puschen an den Füßen mit gestickten roten Rosen obendrauf. »Vorsicht, dass Adelmann nicht rausläuft!«, rief sie.

»Die fette Töle ist noch nie freiwillig rausgelaufen«, sagte Gustav und half Friedo vom Sozius.

In der Tat lag der Dackel ruhig auf seinem Fensterbrett wie eine lebende Bettwurst. Er hieß Adelmann von Adelmannshorn, aber dafür konnte er nichts. Er hob eine Augenbraue und schnaubte zufrieden, als er den Baum sah. Ach, Weihnachten war schön, dachte er wohl, weil man dann einen Pinkelbaum im Wohnzimmer hatte und nicht immer raus musste in die kalte Welt.

»Hast du etwa den Kleinen aufs Motorrad gesetzt?!«, rief Tante Elsie.

»Wir haben einen ganz schönen Baum!«, rief Friedo. »Wo ist Mama?«

»Mama muss sich ein bisschen ausruhen«, sagte Tante Elsie.

Seit Papa mit dieser Doris rumzog und davor mit einer Gerti, bekam Mama gern ein bisschen Kopfweh. Dann verschwand sie in ihrem Zimmer und wollte keinen mehr sehen. Sie nannten es: ein bisschen ausruhen, aber Tessi sagte: »Sie ist wahrscheinlich schon wieder depri.« Im Augenblick musste sich Mama allerdings gar nicht ausruhen. Sie musste Friedos Pullover fertig stricken, was sie bis jetzt nicht geschafft hatte wegen zu viel Ausruhen in der Vorweihnachtszeit.

»Pack an, Friedo!«, rief Gustav. »Der Baum!«

»Nicht mit diesen Motorradstiefeln ins Haus!«, rief Tante Elsie.

»Das muss die alte Hütte jetzt mal aushalten«, knurrte Gustav.

Der Kleine Weihnachtsteufel war schon aus dem Christbaum gehüpft, als das Motorrad anhielt. Er beobachtete alles gespannt von einem Holzstoß aus, der neben der Tür stand. »Alle sind schon schön mufflig«, dachte er, »aber vielleicht sollte ich mal eine Prise Pfeffer in die Suppe tun?«

Gustav trug den Baum am Stamm die paar Stufen zur Tür hoch. Friedo hinterdrein, die Baumspitze in der Hand.

»Passt bloß auf, der Topf!«, rief Tante Elsie.

Sie passten auf. Keiner berührte den schweren, alten Terracottatopf, der auf dem Treppenabsatz stand. Nur der Kleine Weihnachtsteufel. Der Topf wankte plötzlich und fiel auf die Steinplatten der Auffahrt, wo er zerbrach.

»Verdammt, ich bin doch gar nicht drangekommen!«, rief Gustav.

»Ich war's auch nicht!«, sagte Friedo.

»Mein Gott! Dass du immer alles zerstören musst!«, jammerte Tante Elsie.

»Altes Geraffel!«, sagte Gustav.

Adelmann tauchte jetzt auf und bellte die Stelle an, wo der Topf gestanden hatte.

»Adelmann, sitz!«, rief Tante Elsie.

Jetzt kam auch noch die Mutter: »Oh Gott! Hat sich jemand wehgetan?«

»Nein, Mama«, sagte Friedo. »Wir haben den schönsten Baum aller Zeiten. Schau!«

»Der ist doch viel zu dicht, da kann man ja gar nichts dranhängen«, sagte die Mutter.

»Wolltest du dich nicht ein bisschen ausruhen, Mama?«, sagte Tessi, die merkte, dass ihrer Mutter schon wieder alles zu viel war.

Der Dackel bellte noch immer. »Halt die Klappe, Adelmann!«, sagte Gustav.

»Red nicht so grob mit dem Hund«, sagte Tante Elsie.

Dann verschwanden endlich alle im Haus.

»Das fette Vieh kann mich nicht sehen«, dachte der Kleine Weihnachtsteufel, »aber vielleicht riechen? Ich muss aufpassen!«

Der Kleine Weihnachtsteufel blieb erst mal draußen vor der Tür. Er kletterte am Efeu hoch und sprang auf die Fensterbretter. Er konnte zwar nicht hören, was die Bichlmeiers sprachen, aber er sah genug, um zu erkennen, dass sie nicht friedlicher wurden, je weiter der Heilige Abend vorankam. Vielleicht muss ich gar nicht eingreifen, dachte er. Auf jeden Fall hab ich hier draußen Ruhe vor dem Dackelvieh.

Aber das Tierchen in seinem Handschuh fiepte. »Tut dir was weh?«, fragte der Kleine Weihnachtsteufel.

Das Tierchen schüttelte den Kopf.

»Hunger?«

Ja, nickte das Tierchen.

»Ja, dann ...«, sagte der Kleine Weihnachtsteufel.

Als Gustav herauskam, um Säge und Axt aus dem Schuppen zu holen, schlüpfte der Kleine Weihnachtsteufel ins Haus. Zuerst in die Küche, wo Tante Elsie den Hefeteig für die Weihnachtskrapfen in eine Schüssel gab und mit einem Geschirrtuch zudeckte.

Während sie dann die Backsachen wegräumte, versuchte Friedo, ein bisschen Teig aus der Schüssel zu stibitzen. Aber Tante Elsie erwischte ihn: »Wirst du wohl das Tuch drauf lassen! Der Teig darf keinen Zug bekommen, sonst fällt er mir zusammen!«

Wenig später dröhnten heftige Axtschläge aus dem Wohnzimmer herüber. »Du liebe Güte! Reißen die mir jetzt das Haus ab?«, rief Tante Elsie und rauschte aus der Küche. Friedo lief hinter ihr her.

Der Kleine Weihnachtsteufel kletterte auf den Tisch, zog das Tuch von der Teigschüssel und krallte sich eine fette Kostprobe aus dem prall aufgegangenen Teigballen. »Mhm! Gut!«, sagte er und ließ auch das Tierchen probieren. Dann öffnete er das Fenster einen kleinen Spalt breit, prüfte den Luftzug und freute sich schon auf den Entsetzensschrei, wenn Tante Elsie wieder in die Küche kommen würde. Dann fanden sie noch ein paar Spekulatius und waren ganz zufrieden, der Kleine Weihnachtsteufel und das Tierchen aus dem Wald.

Im Wohnzimmer lagen überall Holzspäne auf dem Perser-teppich, während die Mutter, Gustav und Tessi versuchten, den Baum in den Ständer zu stellen.

»Schief!«, rief Tessi.

»Mehr so?«, rief die Mutter.

»Nein, jetzt ist er andersrum schief!«, rief Tessi.

In dem Augenblick rauschte Tante Elsie herein, gefolgt von Friedo und Adelmann. Adelmann bellte, weil er nicht verstand, was die Menschen mit seinem Baum vorhatten.

Tante Elsie rief: »Seid ihr verrückt? Holzhacken auf dem wertvollen Teppich!«

Gustav sagte: »Schaff das Tier aus dem Weihnachtszim-mer!«

»Adelmann ist kein Tier«, sagte Tante Elsie.

»Müsst ihr denn immerfort streiten?«, sagte die Mutter und drückte sich den Handrücken auf die Stirn.

»Vielleicht solltest du dich ein bisschen ausruhen«, sagte Tessi.

»Was bist du nur so grob, Gustav?«, seufzte Tante Elsie und fing an, die abgehackten Späne aufzulesen. »Du warst doch mal so ein feiner Junge!«

Da hatte Gustav genug: »Mach doch deinen Mist alleine!«, rief er und stampfte aus dem Zimmer.

Adelmann beschnüffelte inzwischen eingehend den Baum-stamm.

»Ich glaub, der hebt gleich das Bein«, sagte Friedo.

»Nein, Friedolein, das macht unser Adelmann nicht«, sagte Tante Elsie und ging mit den Spänen hinüber in die Küche. »Komm, mein Adelmann!«

Der Kleine Weihnachtsteufel saß inzwischen auf dem Wohnzimmerschrank, gleich neben der gläsernen Christbaumspitze, die die Mutter dort abgelegt hatte. Er war fröhlich und voller Zuversicht: Achtung! Ja! Jetzt kam der Entsetzensschrei aus der Küche und er dachte: Gut läuft das. Der Alte Teufel wird zufrieden sein mit mir.

Friedo und Tessi schmückten dann mit ihrer Mutter den Baum. Es gab eine kurze Diskussion über echte Kerzen oder elektrische.

»Das müssen wir nicht jedes Jahr neu durchkauen«, stöhnte die Mutter. »Solange Kinder und Tiere im Zimmer sind, gibt's kein offenes Feuer am Baum!«

Dann gab es einen kurzen Streit wegen der Kugeln: alle und kunterbunt durcheinander, wie Friedo es liebte, oder nur eine Farbe und die Strohsterne von Tante Elsie? Und dann kam Tessi noch mit ihren Außerirdischen. Die hatte sie im Kunstunterricht gebastelt, Thema: alternativer Baumschmuck. Tessi hatte eklige Alien-Monster aus Karton ausgeschnitten.

»Ihh! Eklig!«, sagte Friedo.

»Das passt doch nicht auf einen Christbaum!«, sagte die Mutter.

»Wieso denn nicht?«, sagte Tessi pampig. »Die kommen doch auch vom Himmel hoch.«

»Na ja!«, sagte die Mutter.

»Ihr seid solche Spießer!«, sagte Tessi, warf ihre Aliens wütend auf den Boden und rannte heulend aus dem Zimmer.

Inzwischen waren der Vater und Doris aus dem Wald nach Hause gekommen. »Ach«, sagte Doris, als sie den Baum sah, »ihr habt gar keine echten Kerzen?« Mutter wurde bleich und biss sich auf die Lippen. Dann ging sie wortlos zur Tür hinaus.

»Mama muss sich ein bisschen ausruhen«, sagte Friedo.

»Und ich brauch ein heißes Bad«, sagte Doris. »Hab ganz nasse Füße!«

»Mit solchen Schuhen geht man auch nicht in den Wald«, sagte der Vater.

»Ich wär ja mit Gustav gefahren«, sagte Doris.

»Weißt du was, von mir aus kannst du immer mit Gustav fahren!«, schrie der Vater.

Da rannte auch Doris hinaus und warf die Tür zu, dass der Kronleuchter wackelte.

Der Kleine Weihnachtsteufel aber dachte: Vielleicht wäre es eine gute Idee, die Christbaumspitze vom Schrank zu schubsen. Genüsslich streckte er seinen linken Huf aus und schob sie über den Rand: Klirr!

Der Vater schoss herum: »Mein Gott! Warst du das?«

»Ich doch nicht!«, rief Friedo empört. »Das war die da!«

»Red nicht so von Doris!«, sagte der Vater und ging nun auch hinaus, wobei er murmelte: »Ich glaub, ich halt das nicht mehr lange aus!«.

»Ich mag sie nicht!«, flüsterte Friedo.

Er saß plötzlich ganz allein da und schaute den Baum an und die Scherben auf dem Boden. Es war wirklich der schönste Weihnachtsbaum der Welt. Mit allen bunten Kugeln, die sie hatten, und ohne Aliens vom Himmel hoch. Aber ob es auch das schönste Weihnachten der Welt werden würde, daran hatte Friedo seine Zweifel, als er nun auch hinausging.

Der Kleine Weihnachtsteufel war ziemlich sicher, dass dieser sein erster Einsatz ganz hervorragend verlaufen würde. Er hauchte - nur mal so zum Ausprobieren! - gegen den Baum. Die Nadeln knisterten leise. Noch mal Luft holen und: Puu-uhhh! - Knister! Knister! »Jajaja!«, flüsterte der Kleine Weihnachtsteufel und holte noch mal Luft, noch tiefer. Aber bevor er nun mit einem wahrhaft feurigen Blasesturm dem Baum den Rest geben konnte, schlüpfte das Tierchen aus seinem Fäustling und sprang vom Schrank. Es huschte über den Teppich und schwups! - war es im Baum verschwunden.

»Warte!«, rief der Kleine Weihnachtsteufel. »Das geht doch nicht!« Er kletterte auch vom Schrank und lief zum Baum hinüber. Der Christbaum war so dicht, dass er das Tierchen nicht gleich entdeckte. Aber dann sah er es. Es hatte sich ganz nah am Stamm zusammengerollt und auf einen Zweig gekuschelt. Es sah sehr zufrieden aus.

»Du sitzt gern auf so einem Baum, was?«

Das Tierchen nickte.

»Aber das geht nicht! Das ist ein Weihnachtsbaum. Komm!«

Das Tierchen schüttelte den Kopf und hielt sich an dem Ast fest.

»Was meinst du, was los ist, wenn sie dich erwischen?«, sagte der Kleine Weihnachtsteufel. »Komm lieber wieder in meinen Fäustling. Du kannst den andern auch noch haben, als Kopfkissen.«

Aber das Tierchen wollte seinen Platz nicht mehr verlassen. Und so kam es, dass bei den Bichlmeiers ein kleines Tierchen im Christbaum saß, als die Bescherung begann, und ein Teufel auf dem Schrank, der sicher war, dass er nicht mehr viel tun musste, um das Fest ordentlich zu verderben. Die Menschen würden das gut alleine fertigbringen …

Als es dunkel wurde, war es ganz still im Haus. Jeder war in seinem Zimmer. Der Duft der Weihnachtskrapfen wehte durch die Räume. Der kleine Durchzug hatte ihnen nichts anhaben können. In der Linde vor dem Haus hing ein leuchtender Weihnachtsstern wie über dem Stall von Bethlehem und im Kachelofen knisterten die Buchenscheite.

Tante Elsie hatte das samtene Weihnachtskleid angezogen und das Hütchen mit den Paradiesvogelfedern aufgesetzt. Wie immer. Sie knipste die Kerzen am Baum an. Dass dabei tief drin im Gezweig ein kleines Tierchen ein wenig erschrak, merkte sie nicht. Sie ordnete noch einmal die Pakete unter dem Baum.

Dann nahm sie das Glöckchen vom Schrank. Den Teufel, der immer noch unmittelbar daneben saß und sich die Ohren zuhielt, sah sie nicht. Sie klingelte und überall im Haus wussten sie: Nun war das Christkind gekommen. Tante Elsie legte die Platte mit den Schaumburger Märchensängern auf den alten Plattenspieler und öffnete weit die Tür, damit das »Oh, du fröhliche …« in alle Winkel des Hauses dringen konnte.

Und wenig später saß die ganze Bichlmeier-Familie um den Christbaum und Friedo sah seine größten Weihnachtswünsche erfüllt: Alle waren zusammen und ganz lieb.

Natürlich fand Tante Elsie ihren missratenen Sohn Gustav unmöglich, weil er im kurzärmeligen Muskelshirt dasaß und all seine geschmacklosen Tattoos zur Schau stellte.

Und der Vater zog die Augenbrauen hoch, weil Tessi mal wieder einen ganzen Topf Gel in ihre asymmetrische Frisur geschmiert hatte.

Auch die Mutter musste die Augenbrauen hochziehen, weil

Dorles Rock weit über die Heilig-Abend-Grenze zu kurz war.

Aber sie nahmen sich alle zusammen, als hätte sie der Weihnachtsengel mit Friedenstau besprengt.

Sogar der Kleine Weihnachtsteufel auf dem Schrank spürte nun vor lauter Klang und Duft und Kerzenschein, wie es ihn wohlig durchrieselte. Dabei hätte er eigentlich allmählich nervös werden müssen. Wieso waren die plötzlich alle so friedlich? Es hatte doch gut ausgesehen den ganzen Tag über? Wahrscheinlich sollte er jetzt mal was unternehmen. Was runterschmeißen. Oder Feueratem in den Baum blasen.

Oder vielleicht ein kleines Schwefelbömbchen werfen…?

Es wirkte sofort: Jeder sah den andern gleich vorwurfsvoll an und dann verdächtigte jeder jeden empört der Untat.

»Friedo, das Stinkeschwein!«, sagte Tessi und lachte.

»Ich war's doch nicht!«, rief Friedo.

»Adelmann!«, sagte Gustav trocken.

»Adelmann macht so was nicht!«, sagte Tante Elsie.

»Mach doch mal das Fenster auf, Kurti«, sagte Doris.

Und Mutter sagte: »Jetzt spielst du auf dem Klavier, Gustav, ja? Und wir singen.«

»Ach, du kannst auch noch Klavier spielen?«, sagte Doris bewundernd.

»Gustav hat früher ganz entzückend Klavier gespielt«, sagte Tante Elsie.

»Was soll ich denn spielen?«, fragte Gustav.

»Was Flottes«, sagte Doris. »Jingle Bells!«

»Nichts Englisches!«, sagte die Mutter.

Und Friedo, der sofort die Explosionskraft dieser Frage erkannte, sagte schnell: »Einfach irgendwas!«

»Aber alle singen mit«, sagte Gustav und fing an.

Und alle sangen mit, so gut und so falsch sie konnten. Es klang wunderschön. Und der Kleine Weihnachtsteufel, der schon Luft geholt hatte für einen gewaltigen Baumverdorr-Puster, benutzte seinen Atem erst mal für ein paar leise Töne: »Vom Himmel hoch ...«

Nur einer sang nicht mit: Adelmann. Adelmann von Adelmannshorn war kein Sänger und außerdem war er beleidigt, weil man ihn einer übel riechenden Untat verdächtigt hatte. Er nutzte vielmehr den Augenblick, da die Familie in weihnachtlicher Harmonie versank, um den Baumstamm näher zu prüfen ... Wie er aussah ... Wie er roch ... Ob man nicht doch einmal das Bein heben sollte, in aller Stille und Heimlichkeit?

»Stille Nacht«, sang die Familie, als Adelmann ein merkwürdiger, fremder, tierischer Geruch in die Nase kam, und das Jagdhündische in ihm schoss sofort in alle seine Haarspitzen. Im nächsten Augenblick hatte er das Tierchen auf seinem Ast entdeckt. Adelmann knurrte und bellte und sprang am Baum hoch. Der Baum wankte. Adelmann kläffte. Die Familie geriet in Aufruhr. Und das Unglück nahm seinen Lauf.

Adelmann war offenbar verrückt geworden und nicht zu stoppen. Er warf schließlich den Baum um.

»Mein Gott! Der schöne Baumschmuck!«, rief Tante Elsie.

»Gut, dass wir keine echten Kerzen haben!«, rief die Mutter.

Und Gustav klappte den Klavierdeckel zu und sagte: »Was sag ich denn immer: keine Tiere im Weihnachtszimmer!«

In dem Augenblick entdeckte Friedo das Tierchen. »Ein Tierchen!«, rief er voller Entzücken; denn er dachte, dass nun auch sein dritter Herzenswunsch in Erfüllung gegangen sei.

Auch die andern sahen das Tierchen, das ängstlich versuchte, sich hinter dem Gezweig zu verkriechen.

»Huch, eine Ratte!«, rief Doris.

»Cool!«, sagte Tessi. »Krieg ich die?«

»Was?! Ihr habt eine Ratte mit dem Baum zusammen hier reingeschleppt?«, rief Tante Elsie. »Adelmann! Fass!«

Adelmann von Adelmannshorn brauchte keine Befehle, wenn es darum ging, Beute zu fassen. Und die fette Bettwurst war immer noch schnell. Das Tierchen schrie vor Angst, als Adelmann es packte. Und Friedo wollte sich sofort auf den brutalen Dackel stürzen, da erstarrte der Hund plötzlich, als wäre er dem Teufel persönlich begegnet. Und die ganze Bichlmeier-Familie erstarrte auch. Natürlich konnte niemand den Kleinen Weihnachtsteufel sehen, aber jeder schien ihn zu spüren und erschauerte.

Adelmann fiel der Unterkiefer runter und das Tierchen plumpste ihm aus dem Maul. Der Kleine Weihnachtsteufel packte zu, hob es auf und rannte quer durchs Weihnachtszimmer zur Tür hinaus.

»Die Ratte kann fliegen«, sagte Gustav, »ganz ohne Flügel.« Denn sie sahen ja den Teufel nicht, der das Tierchen trug.

»Es ist doch keine Ratte!«, rief Friedo. »Es ist mein allerliebstes Weihnachtstierchen. Und ich will es wiederhaben!« Und damit rannte er hinter dem Tierchen her.

Und so kam es, dass die ganze Familie Bichlmeier schließlich durch den sternhellen Nachtwald stapfte auf der Suche nach ihrem Friedo, der auf der Suche war nach einem merkwürdigen Tierchen, das fliegen konnte, ganz ohne Flügel.

Adelmann fand schließlich die Fährte. Und als er kläffend an einem Baum hochsprang, sah Friedo das Tierchen.

»Aus! Adelmann! Aus!«, rief er. »Machst ihm ja Angst!« Er kletterte auf den Baum, wobei er unentwegt beruhigende Worte flüsterte. Das Tierchen zitterte, aber es blieb still sitzen. Friedo hockte sich neben das Tierchen, und wenn der Kleine Weihnachtsteufel nicht noch schnell auf die andere Seite geschlüpft wäre, hätte sich Friedo glatt auf ihn drauf gesetzt.

Als die Bichlmeiers einer nach dem andern an dem Baum eintrafen, sahen sie einen glückseligen Friedo in einer Astgabel hocken und neben ihm ein kleines Tierchen mit rosaroten Pfoten und samtigem, kuschelbraunem Fell und großen, dunkelbraunen Augen, die soooo schauen konnten, bis tief hinein in dich, ganz tief ...

Und alle wurden ruhig und lächelten, weil der Schnee so schön im Sternenlicht glitzerte und weil sie alle zusammen waren, dick eingemummelt in ihre Jacken und Mäntel.

Doris zog einen Kerzenstummel aus der Tasche und stellte ihn auf einen Aststumpf. Und Gustav zündete ihn an. Und dann holte er eine Mundharmonika aus seiner Lederjacke und spielte: »In dulci jubilo-ho-ho ...«

»Mundharmonika kannst du auch noch?«, sagte Doris und lehnte sich ein bisschen an den starken, tätowierten Gustav an.

Der Vater sah es und lehnte sich ein bisschen an seine asymmetrische Tochter Tessi. Und weil die an der Mama lehnte, lehnte der Papa irgendwie auch ein bisschen an der Mama. Und Tante Elsie nahm Adelmann hoch und sagte: »Gut gemacht, mein Adelmann!«

Was sie nicht sahen, war, dass in diesem Augenblick ein alter Teufel mit seinem Feuerbesen angesaust kam und sofort wie ein schwefelstinkender Blitz in die Idylle hineinschlagen

wollte, wenn ihn nicht der Kleine Weihnachtsteufel beschwichtigt hätte: »Pscht! Nicht! Warte! Setz dich her! Hierher, neben mich.«

Der Alte Teufel konnte sich später nicht erklären, warum er sich darauf eingelassen hatte. Aber er setzte sich neben den Kleinen Weihnachtsteufel, der noch immer neben dem Tierchen hockte, neben dem Friedo saß und sich wünschte, dass dieser Augenblick nie mehr vergehen möge.

Gustav spielte Mundharmonika, die Kerze brannte und die Bichlmeiers sangen hell und klar im Winterwald.

»Das hast du ja volle Kanne vermasselt!«, knurrte der Alte Teufel zwischen seinen verfaulten Zähnen hervor.

»Ich war's nicht. Es war das Tierchen«, sagte der Kleine Weihnachtsteufel.

»Du hattest Mitleid mit ihm!«, sagte der Alte.

»Es kam vom Himmel hoch«, sagte der Kleine Weihnachtsteufel.

»Unsinn!« Der Alte Teufel schniefte.

»Weinst du?«, fragte der Kleine Weihnachtsteufel.

»Bist du verrückt!«, brummte der Alte.

»Ich sag's auch nicht weiter«, sagte der Kleine Weihnachtsteufel und schniefte auch.

Risus Angelorum oder Das Vermächtnis des Professor Pulex

E s ist Heiliger Abend, ein ganz normaler, typischer Heiliger Abend. Das bedeutet, alle sind bis zum letzten Augenblick aufgeregt hin und her gerannt und haben sich dann doch wie durch ein Wunder friedlich und rechtzeitig um den Weihnachtsbaum versammelt: Vater, Mutter, Kinder, Großmutter und Großvater. Die Geschenke liegen fein eingepackt unter dem Baum, die Kerzen sind angezündet, man singt gemeinsam »Stille Nacht ...« und wird dabei selber still. Jetzt wird der Großvater gleich die Brille aufsetzen, die dicke Familienbibel öffnen und anfangen: Es begab sich aber zu der Zeit ...

»Pscht!«, machen die Eltern. »Pscht! Pscht!«, macht die Großmutter. Ja, der Großvater setzt die Brille auf. Aber er schlägt nicht das Lukas-Evangelium auf, sondern er zieht ein sehr altes, sehr schmuddeliges Oktavheft aus seiner Jackentasche.

Die Großmutter ist entsetzt: »Mein Gott! Mann! Was für ein Müll wieder in deinem guten Anzug?!«

»Frau! Vorsicht!«, sagt da der Großvater und hebt belehrend

den Zeigefinger. »Das hier ist kein Müll, das hier wird die gesamte Geschichtswissenschaft in Aufruhr versetzen!«

»Das hast du doch wieder aus einem Abfallhaufen in einem deiner Trödelläden gezogen«, sagt die Großmutter. Und die Mutter meint: »Vielleicht könnten wir zuerst die Weihnachtsgeschichte hören, Vater? Wie immer!«

»Jaja. Die Weihnachtsgeschichte!«, der Großvater nickt bedeutungsschwer. »Ja, die glaubt jeder zu kennen. Die Krippe, die freundlichen Tiere und das lächelnde Jesuskind. Und Hirten hätten ihm was zu essen gegeben. Zicklein und kleine Lämmer hätten es zum Lachen gebracht. Schön und gut! Mag ja sein. Aber was war davor? Wie hat das Heilige Paar, wie haben Joseph und Maria überhaupt den Stall von Bethlehem erreicht? Das war ja nicht so einfach damals: schlechte Straßen und wenig Wegweiser. Wer da wirklich dafür gesorgt hat, dass der Geburtstag des himmlischen Kindes auf Erden am Ende doch ein umjubeltes Freudenfest wurde, das weiß ja keiner! Wusste keiner! Bis jetzt. Bis jetzt! Bis man das hier gelesen hat.«

Es ist klar, dass der Großvater nicht mehr zu stoppen ist. Und deshalb schweigt die Familie. Manchmal muss man ihn einfach machen lassen, sonst kommt man nie mehr zum Auspacken der Geschenke.

»Lasst Opa doch erzählen!«, rufen die Kinder.

»Also gut, dann erzähle, was du erzählen musst, mein Lieber«, sagt die Großmutter.

»Ja, ich muss«, sagt der Großvater und richtet sich zu seiner ganzen stattlichen Größe auf. »Denn die Welt muss wissen, dass die Kleinen, die Unbedeutenden, die Verachteten es waren, die letztlich die große Heilsgeschichte erst möglich gemacht haben. Also hört gut zu. Zuerst die Überschrift: Risus Angelorum. Das heißt?« Sein Zeigefinger deutet in die Runde.

»Risus? Risus?«, überlegen die Kinder. »Gibt es nicht Risus-Affen?«

»Risus-Affen!«, ruft der Großvater entsetzt. »Herr im Himmel! Risus-Affen! Ja, und hier haben wir zwei besonders prächtige Exemplare!« Er bohrt den Kindern seinen spitzen Zeigefinger in die Brust. »Risus heißt nicht Affen, sondern Lachen. Und Risus angelorum heißt folglich: Das Lachen der Engel.

»Ich wusste gar nicht, dass Engel lachen«, sagt der Vater.

»Aber ja«, erklärt der Großvater. » Besonders wenn sie gekitzelt werden. Also passt auf!«

»Und du willst wirklich aus diesem verschimmelten Ding da vorlesen? Am Heiligen Abend?«

»Ja, meine Liebe«, sagt der Großvater und gibt seiner Frau einen feuchten Kuss auf die Wange. »Das hier sind die Aufzeichnungen von Professor Pulex. Er war ein berühmter Flohforscher. Die offizielle Wissenschaftsgemeinde scheint ihn nicht recht anerkannt zu haben, aber was er hier herausgefunden hat, das ist - ich kann es nicht anders sagen - weltbewegend. Also hört zu! Zuerst berichtet Professor Pulex selber von seiner Entdeckung.«

Und dann liest Großvater aus dem modrigen Oktavheft vor und es ist wirklich eine unglaubliche Geschichte.

An einem milden Märzmorgen 1957 war der Dattelhändler Jussuf unterwegs zum Markt. Es war nicht weit von Qumran am Toten Meer, als sein Esel plötzlich nicht mehr weiterwollte. Nachdem ihm Jussuf alle Plagen des Orients auf seinen staubigen Pelz gewünscht hatte, stieg der Dattelhändler schließlich ab und musste erkennen, dass das Tier mit dem linken Hinterhuf in den harten Wüstenboden eingebrochen war und feststeckte.

Jussuf fluchte ausgiebig, dann nahm er dem Esel die Dattelsäcke ab und betete zu Allah, dass das Bein des Tieres heil geblieben sein möge. Dann fluchte er wieder, denn der Huf ging immer noch nicht heraus. Schwitzend, mit wunden Knien und unter unablässigem Klagen, warum immer nur ihm das Unglück anklebe wie Dattelsaft, gelang es dem armen Jussuf schließlich mithilfe seines Suppenlöffels, das Bein des Tieres auszugraben.

Dabei entdeckte er, dass das Loch in der Straße zu einer Höhlung führte. Das machte ihn neugierig. Er stocherte mit einem Stock darin herum, gewärtig ein Nest voller Sandvipern aufzuscheuchen. Aber es fanden sich keine Schlangen, sondern ein Krug.

Ein uraltes Ding aus braunem Ton, dreckverkrustet, angeschlagen und leck. Aber Jussuf wusste, dass es auf dem Markt Leute gab – Fremde, Verrückte, die für solches Zeug gutes Geld gaben.

Es war zu spät für den Markt an diesem Tag. Also kehrte er nach Hause zurück, wo ihn seine Frau schimpfend in Empfang nahm, weil er weder den versprochenen Seidenschal noch den frischen Safran mitgebracht hatte. Der vergammelte Krug war ihr ein geringer Trost. Sie entriss Jussuf den Krug und warf ihn voll Wut zum Fenster hinaus auf die Gasse. Leider war das Fenster geschlossen gewesen und die einzige Glasscheibe im ganzen Haus ging zu Bruch. Auch der Krug zerbarst in tausend Scherben.

Als Jussuf auf die Straße lief, sah er, dass eine Rolle Papiere in dem Krug gesteckt hatte, uraltes Papier offenbar, Papyrus, übersät mit winzigen Löchern. »Nicht mal eine Schrift ist drauf!«, keifte die Frau.

Jussuf nagelte schließlich eines dieser Papiere vor das zerbrochene Fenster, weil er sich eine neue Glasscheibe nicht leisten konnte. Den Rest der Rolle warf er unters Bett.

Nun begab es sich zufällig, dass ich, Professor Pulex, ein wenig später genau in diese Gegend kam. Ich bin Insektenforscher und Flohspezialist und entdeckte ganz in der Nähe ein paar besonders schöne Exemplare des Tunga irritans und des noch selteneren Sarcopsylla penetrans, gemeinhin bekannt als Sandfloh. Ich hätschelte die schlanken Tierchen auf meinen

Armen, den Tunga auf dem linken und den Sarcopsylla auf dem rechten, und achtete weder auf Schmerz noch auf Juckreiz. Leider zog ich mir aber bei meinen Versuchen mit den niedlichen Blutsaugern eine fiebrige Infektion zu und wusste bald nicht mehr, wo vorn und hinten war.

Jussufs Kinder fanden mich fantasierend an einem ausgetrockneten Brunnen. »Tunga, Tunga, Sarcopsylla«, soll ich gemurmelt haben. Das hörte sich wohl wie ein Zauberspruch an und die Kinder hatten ein bisschen Angst vor dem fremden Mann. Sie holten ihren Vater und der brachte mich freundlicherweise in sein Haus. Wer weiß, wozu es gut ist, dachte sich der Dattelhändler wohl und ließ diesen offenbar verrückt gewordenen Fremden von seiner Frau pflegen.

Und nun passierte etwas sehr Merkwürdiges, einer jener Zufälle, die die Welt bewegen. Oder vielleicht waren die Engel am Werk, denn am Ende ging es ja um sie, irgendwie. Man hatte mich in den Raum mit dem zerbrochenen Fenster gelegt. Morgens schien die Sonne durch die winzigen Löcher in dem Papier, das Jussuf auf den Fensterrahmen genagelt hatte. Die feinen Sonnenstrahlen sprenkelten die dunkle Lehmwand gegenüber mit einem zarten Punktemuster. Ich hatte diese Wand von meinem Krankenlager aus immer vor Augen.

Als Kind hatte ich fantasierend in den Mustern meiner Kinderzimmertapete ganze Märchenwälder gesehen. Jetzt hatte ich plötzlich das Gefühl, dass die Anordnung der Punkte einem gewissen System folgte. Bestimmte Punkte schienen

zusammenzugehören wie Sternbilder. Und diese Punktbilder erschienen nicht nur einmal auf dem Papier, sondern immer wieder.

Und dann fiel mir noch etwas auf: Die Flohstiche auf meinen Armen zeigten ähnliche Muster. Ohne mich selbst zu sehr zu loben, darf ich sagen, dass ich ein begnadeter Flohspezialist bin, und deshalb hatte ich plötzlich eine Idee. Die Idee war so unglaublich und regte mich so sehr auf, dass ich – geschwächt vom Fieber, wie ich war – erst einmal in Ohnmacht fiel. Aber dann wuchsen mir neue Kräfte zu, ich wurde schnell gesund

und kaufte dem erstaunten Jussuf die alten Papiere für einen unglaublichen Preis ab.

Der Dattelhändler war nun sicher, dass dieser Fremde von der Hitze einen Dachschaden davongetragen hatte. Aber er bedankte sich unterwürfig bei mir und kaufte seiner Frau endlich den Seidenschal und den Safran, und eine neue Fensterscheibe auch noch dazu.

Ich aber, Professor Pulex, zog mich zurück in den kühlen Schatten einer Dattelpalme und begann damit, das Flohvius-Fragment zu entziffern; denn nichts anderes waren diese Blätter: der aufregende Bericht über die Vorgänge in Bethlehem bei der Geburt des Jesuskindes vor zweitausend Jahren, in Papyrus gestochen von einem Floh.

»Was du dir immer ausdenkst, Mann!« Großmutter schüttelt den Kopf, als ihr Mann eine Verschnaufpause beim Vorlesen einlegt.

»Frau! Vorsicht! Das ist nicht ausgedacht. Das ist verbürgt«, sagt der Großvater streng. »Der Antiquitätenhändler, von dem ich das Oktavheft habe, hat mir glaubhaft versichert, dass dieser Professor Pulex in einem Vorort von Bratislava gelebt habe. Man erzählt sich dort noch heute, dieser Professor hätte einmal eine sensationelle Entdeckung gemacht, aber die offizielle Wissenschaftsgemeinde habe ihn nicht anerkannt. Keiner in

Bratislava weiß allerdings, was der Professor eigentlich erforscht hat, weil er mit keinem Menschen sprach. Als er starb, kamen alle seine Sachen zum Trödel und ein Kammerjäger musste drei Tage durchs Haus streifen, weil alles voller Flöhe war.«

»Na, hoffentlich steckt das Ungeziefer nicht auch noch in diesem Heft!«, sagt die Großmutter.

»Oder in deinem guten Anzug!«, sagt die Mutter.

»Unsinn«, sagt der Großvater. »Hört zu! Mein Antiquitätenhändler hat den Nachlass von Professor Pulex selbst in Bratislava erworben: wunderbare Kästen mit Käfern und Schmetterlingen ...«

»... und Flöhen wahrscheinlich!«, sagt die Großmutter angeekelt. »Du hast doch nicht etwa einen von diesen Kästen ...?«

»Doch. Natürlich«, sagt der Großvater. »Alles Sarcopsylla irritans. Wunderbare Exemplare.«

«Ist das in unserem Geschenk drin?«, fragen die Kinder. »Unser Geschenk ist genauso eckig wie ein Insektenkasten. Können wir es gleich aufmachen?«

»Halt! Nein. Erst die Geschichte!«, sagt der Großvater. »Damit ihr es richtig zu würdigen wisst.«

»Moment mal jetzt«, sagt da die Mutter. »Bloß damit ich das richtig verstehe. Du willst uns sagen, dass ein Floh vor zweitausend Jahren Aufzeichnungen gemacht hat, die dein Professor Podex ...«

»Pulex«, korrigiert der Großvater. »Pulex!«

»Meinetwegen, Pulex. Also, der hat das entziffert und du liest uns das jetzt vor?«

»Ja, genau«, sagt der Großvater. »Wenn ihr mich endlich mal vorlesen lasst. Hier im Vorwort steht alles ganz genau. Der Floh hatte sogar einen Namen: Flohvius.«

»Wie passend!«, sagt die Großmutter spöttisch.

Aber der Großvater lässt sich nicht mehr aus der Ruhe bringen. »Ja, liebe Frau. Das ist sogar sehr passend. Wie du vermutlich weißt, gab es damals einen jüdischen Geschichtsschreiber namens Flavius, Flavius Josephus. Der lebte vom Jahre 57 bis zum Jahre hundert nach Christi Geburt. Und auf dessen Kopf hauste ein Floh, der offenbar mit dem Blut seines Wirtes auch die Kunst zu schreiben eingesaugt hat. Und während sein gelehrtes Opfer Flavius die Geschichte des jüdischen Volkes von der Erschaffung der Welt bis zum Jahrhundert nach Christi Geburt aufschrieb, brachte Flohvius, der Floh, die wahre Geschichte der Heiligen Nacht zu Papier, wie man sie sich in seiner Sippe von Generation zu Generation weitererzählt hatte. Der Floh auf dem Kopf des Gelehrten Flavius Josephus war Flohvius 77. Er hat die Geschichte aufgeschrieben. Aber erlebt hat sie Flohvius der Erste in der Stunde null unserer Zeitrechnung und auch schon ein paar Tage zuvor.«

Die Familie sagt nichts mehr. Die Großmutter hat es aufgegeben, ihrem verrückten Mann zu widersprechen. Und der Rest lächelt und ist gespannt, was da jetzt kommen wird.

»Also, dann les ich jetzt, was der Floh aufgeschrieben und

Professor Pulex aus dem Floh-Hieroglyphischen ins Deutsche übersetzt hat«, sagt der Großvater weihevoll: »Risus angelorum, das Lachen der Engel, von Flohvius dem 77. selbst in Papyrus gestochen.«

Dixit Flohvius, was so viel heißt wie: Also sprach der Floh. Und der Floh muss es wissen, denn der Floh ist überall. Wie unsere Vorfahren immer schon sagten: Ob Küche, Bett, ob Klo, alles sieht der Floh! Ich selbst, Flohvius Josephus, hab es nur gehört und schreibe es nun auf für die Nachwelt, aber mein

Urahn hat alles gesehen. Flohvius der Erste war schließlich dabei. Und zwar nicht erst als die Hirten kamen mit ihren guten Gaben oder gar erst als diese Könige auftauchten oder die Weisen oder was für Leute das waren, mit Gold, Weihrauch und Myrrhen. Nein, er war schon dabei, als alles auf der Kippe stand. Und nicht bloß einmal. Wir Flöhe können heute sagen, die ganze schöne Geburt in Bethlehems Stall hätte so nicht stattfinden können, wenn es ihn nicht gegeben hätte, Flohvius den Ersten, und ein paar andere durchaus wichtige Tiere.

Es ist ja so, dass manche Leute große Unterschiede machen zwischen den Geschöpfen dieser Welt. Da gibt es beliebte und unbeliebte, feine und Igittigitt!-Wesen. Aber das hier ist eine Geschichte, die zeigt, dass oft gerade das gering Geachtete das Wertvolle sein kann. Wie zum Beispiel ein Floh oder ein Skorpion, Ratten und Mäuse oder ein alter, stinkender Esel.

So hätte die Reise von Joseph und Maria von Nazareth nach Bethlehem leicht schon auf halbem Wege bei Sichem zu Ende sein können, wenn nicht einen Tag zuvor der mürrische Müller Ebeneser von einem Skorpion gestochen worden wäre. Der Skorpion tat, was er tun musste, und hatte keine Ahnung, dass er Teil des Schicksals war oder der göttlichen Vorsehung, die aus Unheil Heil zu machen weiß und aus Widrigem das Gute und Schöne.

Anfing alles mit einer Ratte. Der mürrische Müller Ebeneser sah sie, als er – noch schlaftrunken – in seine Mühle tapste. Es war eine schöne, fette Ratte. Wir wissen das, denn Flohvius der Erste saß in ihrem Fell und dachte: Was gibt's Besseres als eine schöne, fette Ratte in einer Mühle!

Aber da war der mürrische Ebeneser natürlich anderer Meinung. Er war sofort hellwach, stieß einen Fluch aus und sauste – seinen linken Schuh in der Hand – hinter der Ratte her.

Die Ratte verkroch sich zwischen den Mehlsäcken und der wütende Müller fand sie nicht mehr. Aber dafür fand er die Löcher in den Säcken, aus denen das feine Mehl herausrieselte, unaufhaltsam wie der Sand in einer Sanduhr. »Mäuse!«, schrie Ebeneser und stieß noch einen Fluch aus und schlug dann mit seinem Schuh um sich, als wäre er von Ungeziefer umgeben wie ein fauliger Fisch von den Fliegen.

Flohvius der Erste hatte übrigens die Ratte verlassen und es sich in Ebenesers Jackenärmel bequem gemacht. So konnte er genau sehen, wie's weiterging.

»Ratten und Mäuse!«, schrie Ebeneser unaufhörlich. »Wartet! Ich werd's euch geben!« Er war entschlossen, dem Problem auf den Grund zu gehen. Er räumte alle Säcke beiseite und wühlte in jeder Ritze, um das Ratten- und Mäusepack zu erwischen. Aber das Einzige, was er aufstöberte, war ein Skorpion, der ihn in den Daumen stach.

Was der mürrische Ebeneser nun schrie, kann ein gebildeter Floh nicht wiedergeben. Zum Glück war der Skorpion nicht groß und das Gift nicht sehr stark. Es war schnell herausgesaugt und ausgespuckt. Aber trotzdem rannte Ebeneser wie ein Wahnsinniger aus der Mühle und dann brüllend um sein Haus herum, bis ihm sein armer alter Esel ins Auge fiel.

Der Esel hatte das Mahlwerk anzutreiben. Er musste den ganzen Tag im Kreis gehen, um den schweren Mühlstein zu bewegen. Der Esel war wirklich sehr alt. Er hatte sein Leben lang treu und brav seine Arbeit gemacht. Nun war er manchmal ein bisschen ermattet und musste langsamer tun. Da die Mühle ihr Tagwerk noch nicht aufgenommen hatte, lag der Esel auf einem Haufen staubigen Strohs und döste. Der mürrische Ebeneser aber brauchte jemanden, an dem er seine Wut auslassen konnte, und da kam ihm der Esel gerade recht.

»Du faules Miststück!«, schrie er. »Liegst hier im Stroh, während mir das Ungeziefer die Haare vom Kopf frisst. Aber damit ist jetzt Schluss! Verschwinde! Ich will dich hier nicht mehr sehen!«

Der arme alte Esel verstand nicht, was sein offenbar wahnsinnig gewordener Herr von ihm wollte. Er wackelte mit den Ohren und sagte unsicher: »Iaahh?«

Der mürrische Ebeneser aber verstand das als Widerspruch. Und ein Widerspruch, der fehlte ihm noch. Er nahm die Peitsche und hieb auf den Esel ein und vertrieb ihn schließlich von Haus und Hof.

Flohvius der Erste war vorher noch schnell auf den Esel übergewechselt, weil der mürrische Ebeneser so mit den Armen fuchtelte, dass selbst ein Floh seines Lebens nicht mehr sicher sein konnte. Außerdem, wer mag schon das Blut eines mürrischen Müllers?

Der Esel aber war so erschrocken, dass er in wildem Galopp davonrannte und nicht anhielt, bis ihm ein gutes Stück südlich von Sichem schließlich die Luft ausging und er unter einer Dattelpalme eine Rast einlegen musste ...

Zu der Zeit von Flohvius dem Ersten war Palästina eine Provinz des römischen Reiches. Quirinius war Statthalter im Nahen Osten. Damals begab es sich, dass ein Gebot von Kaiser Augustus in Rom ausging, dass alle Menschen in seinem Reich gezählt würden. Jeder musste sich deshalb dorthin begeben, wo er geboren war.

Joseph, der Zimmermann, hatte ein kleines Gewerbe in Galiläa, aber er stammte aus Bethlehem und musste deshalb mit seiner Verlobten Maria zur Stadt Davids ziehen. Von Nazareth in Galiläa nach Bethlehem, das war ein weiter Weg. Es gab dort Löwen und Schakale und überall Wegelagerer und Banditen. 120 Kilometer sind das ungefähr, ganz schön weit zu Fuß, mit Gepäck und einer schwangeren Frau. Einen Esel konnte sich der Zimmermann nicht leisten.

Sie waren bis Sichem gekommen in vier Tagen und noch ein bisschen weiter. Immer wieder hatte es geregnet, es war ja Winter. Sofort sind die Wege dann voll Schlamm und die wollene Kleidung natürlich nass und schwer. Marias Kindchen boxte und trat heftig gegen den Bauch seiner erschöpften Mutter, als wolle es nun schon bald auf die Welt kommen.

So erschöpft und mutlos sah er sie zum ersten Mal: Flohvius der Erste. Das Paar lagerte unter einem Felsvorsprung neben dem Weg und teilte sich ein Stück Fladenbrot und einen Schluck Wasser.

»Joseph, lieber Joseph mein! Es dauert nicht mehr lang, dann bekomm ich mein Kind«, sagte Maria.

»Wir müssen nach Bethlehem«, antwortete der Zimmermann. »Der Kaiser von Rom kennt keine Gnade.«

»Soll ich mein Kind auf der Straße verlieren?«, seufzte Maria.

»Ich stütz dich, mein Augenstern«, sagte Joseph.

Flohvius der Erste sah und hörte das alles, weil der Felsen, unter dem die beiden Rast machten, gleich neben der Dattelpalme lag, an der sich Ebenesers Esel sein Hinterteil rieb.

Joseph sah den Esel und dachte, den schickt uns der Himmel. Der muss meine liebe Maria nach Bethlehem tragen. Er ging sofort los in die nahe gelegenen Häuser, um zu fragen, wem der Esel gehöre, konnte aber keinen Besitzer ausfindig machen. Und so entschloss sich der Zimmermann, den Esel zu leihen – von wem auch immer – und ihn zurückzugeben auf dem Heimweg nach Nazareth.

Dazu kam es dann bekanntlich nicht, weil die Familie mitsamt dem Esel später nach Ägypten fliehen musste. Aber das ist eine andere Geschichte.

Ebenesers Esel war nicht gerade glücklich, dass er schon wieder aufbrechen sollte. Jetzt, wo er das Joch des Mühlrades endlich losgeworden war, wollte er eigentlich nur noch die süßen Früchte der Freiheit genießen und die feinen Gräser, die der Winterregen überall aus dem Boden sprießen ließ. Aber Joseph brachte ihn dann doch dazu, Maria, die süße Last, aufzunehmen und loszutrotten, nach Süden, zur Stadt Davids, die da heißet Bethlehem.

Flohvius der Erste, das sei noch gesagt, war dagegen sehr froh über diese Wendung der Geschichte; denn das Blut des alten, stinkenden Esels war ganz und gar nicht nach seinem Geschmack. Er sprang bei der ersten Gelegenheit hinüber auf den Zimmermann und ließ es sich gut gehen unter dessen Kutte. Die junge Braut wollte er später verkosten.

Eine Weile ging alles gut. Ebenesers Esel machte zwar immer einen etwas mürrischen Eindruck – da hatte wohl sein ehemaliger Herr etwas auf ihn abgefärbt, aber Maria redete ihrem Reittier gut zu und Joseph hatte sich für alle Fälle einen kräftigen Stock von einer Tamarinde geschnitten. Doch ein gut Stück hinter Bethel beschloss das alte Grautier plötzlich, dass es nun genug sei. Ebenesers Esel blieb stehen und weder gute Worte noch der harte Stock konnten ihn dazu bewegen, noch einen Schritt weiter zu machen.

»Iaah!«, sagte er, was wohl so viel heißen sollte wie: »Mir reicht's!«

Es war schon dämmrig und Maria hatte wieder mal das Gefühl, dass ihr Kindlein an die Pforte der Welt klopfte. Ihr war kalt und das traurige Gesicht ihres Joseph konnte sie nicht erwärmen. Die Lage war ziemlich hoffnungslos.

Nun gibt es hier bei uns in Palästina eine Sorte von Wegelagerern, die wirklich keiner mag. Die Araber nennen sie Strauchdiebe oder Heuler und einen besseren Namen kann man ihnen nicht geben. Schwaches und Krankes riechen sie meilenweit und stimmen dann sofort ein in höchstem Grade klägliches

Geheul an und rufen ihre Spießgesellen. Ja, sie heulen sich zusammen. Sie haben einen schmutzig fahl gelbgrauen Balg und fressen alles, was sie kriegen können, Ungeziefer ebenso wie Aas. Und wo sie können, stehlen sie alles, was nicht festgebunden ist.

Niemand mag diese Gesellen und die bloße Nennung ihres Namens erweckt bei jedermann Abscheu: Schakale.

Ebenesers Esel hörte sie als Erster und stellte vor Schreck die Ohren auf. Dann hörten sie auch Joseph und Maria. Einer dieser Kerle fing an und es verging nicht eine halbe Stunde, da klagten ihrer zwei Dutzend, als hätten sie seit wenigstens acht Tagen keinen Bissen zwischen die Zähne bekommen.

Und dann näherten sie sich. Man konnte sie nicht sehen, es war inzwischen dunkel geworden, stockdunkel, kein Stern am Himmel. Die Schakale hatten aufgehört zu heulen. Aber Flohvius der Erste merkte, wie der Zimmermann ins Schwitzen geriet. Auch Ebenesers Esel wurde immer unruhiger und begann zu schreien.

»Joseph!«, sagte Maria. »Tu was!«

Der Zimmermann war kein Held, aber er tat das einzig Richtige. Er setzte seine Liebste auf den Esel und sich selbst auch noch. Ebenesers Esel ächzte ob seiner Last, aber als er die teuflisch gelben Augen der Schakale aufblitzen sah und die spitzen Zähne in ihren stinkenden Mäulern, da entschloss er sich freiwillig, seinen wohlverdienten Ruhestand noch eine Weile aufzuschieben, und rannte los.

Ein Stück weit folgten ihnen die Bestien, kläfften und heulten dem Esel um die Beine. Aber dann mussten sie einsehen, dass die Beute doch zu groß und noch zu lebendig für sie war. Sie drehten ab und verschwanden in der Nacht, als wären sie nur trügerische Schatten gewesen …

»Und du hast wirklich vor, uns das ganze unangenehme Machwerk hier vorzutragen?« Die Großmutter hält sich ihr feines Spitzentaschentuch vor die Nase, als würde das alte Oktavheft den Geruch all der Tiere verströmen, von denen die Geschichte des Flohs berichtet.

»Wieso unangenehm?«, fragt der Großvater und blättert zum nächsten Kapitel. »Und was heißt hier ›Machwerk‹? Das ist Wissenschaft! Akribische Wissenschaft, wenn ihr wisst, was ich meine.«

»Ich weiß genau, was du meinst, mein Lieber!«, sagt die Großmutter scharf. »Du meinst, du kannst mich ärgern und mir den heiligen Weihnachtsabend verderben, aber das wird dir nicht gelingen.«

»Aber ich bitte dich, Liebes!«, sagt der Großvater. »Du musst doch erkennen, um was es hier geht: Der Sohn Gottes soll geboren werden, und zwar in Bethlehem. So haben es die Propheten des Alten Testamentes vorausgesagt. Und hier erzählt uns einer, wie es dazu kam, dass die Prophezeiungen erfüllt werden konnten. Stellt euch doch bloß mal vor, was die Leute gesagt hätten, wenn Maria ihr Kind beim mürrischen Ebeneser in Sichem bekommen hätte oder kurz hinter Bethel auf der Straße?«

Die Großmutter stöhnt vielsagend und schweigt. Und die Mutter sagt, ob er vielleicht etwas schneller zum Schluss kommen könne. Aber die Kinder protestieren und wollen alles ganz genau wissen. Kein Ungeziefer soll ausgelassen werden, auch wenn es noch so eklig ist.

So räuspert sich denn der Großvater und fährt fort in seiner Lektüre des Flohvius-Berichtes:

Die Schakale waren schon lange verschwunden, aber Ebenesers Esel blieb nicht mehr stehen. Und wenn sie eine Rast machten, dann lief er hinterher willig weiter. Die schwangere Maria war ihm eine geringe Last, wenn er nur wegkam von den widerlichen Biestern mit den scharfen Zähnen, weit weg!

»Wie sich alles fügt«, sagte Joseph lachend. »Wir sind wirklich in Gottes Hand.«

»Ja. Aber ob uns jemand Obdach geben wird in Bethlehem?«, fragte Maria.

»Eine schwangere Frau wird keiner abweisen«, sagte Joseph.

»Wird es nicht voll sein? Alle müssen sich doch zählen lassen.«

Sie merkten, dass sich die Wege allmählich füllten. Lange waren sie allein gereist. Jetzt kamen immer mehr Leute von allen Seiten, zu Fuß, auf Eseln oder Kamelen.

»Wir kennen niemanden in Bethlehem«, sagte Maria sorgenvoll. »Und mein Kindlein regt sich wieder.«

»Alles wird sich finden«, sagte Joseph. »Hat uns Gott nicht ein Reittier geschickt, als wir ganz mutlos waren? Und ein ganzes Rudel wilder Bestien, die es wieder zum Laufen gebracht haben? Glaub mir, wir können Vertrauen haben.«

Ungefähr eine halbe Tagesreise vor Bethlehem kam Wind auf, der sowieso schon graue Himmel wurde dunkelgrau und es begann wieder zu regnen. Und es sah nicht so aus, als würde es bald wieder aufhören.

Flohvius der Erste hatte gerade überlegt, ob er bei Gelegenheit mal eben zu der süßen Braut überwechseln sollte. Aber jetzt blieb er lieber in Josephs kuscheliger Achselhöhle sitzen und machte ein Schläfchen.

Er wachte wieder auf, weil Joseph so schwitzte. Der hatte gehofft, dass sich alles finden würde, aber es fand sich gar nichts. Keine Unterkunft. Kein Dach über dem Kopf. Nirgends. Es goss in Strömen. Flohvius kroch zum Kragen hoch und sah, dass sie offenbar schon in Bethlehem angekommen waren. Es war Nacht. Niemand mehr auf den Gassen. Joseph klopfte immer wieder mal an eine Tür. Aber alle Herbergen waren voll. Überall wurden sie abgewiesen.

Der Esel bewegte sich nur noch widerwillig. Offenbar war ihm klar geworden, dass es hier in der Stadt keine Schakale gab. Und Maria stöhnte in regelmäßigen Abständen leise vor sich hin. Ihre Wehen hatten eingesetzt.

»Joseph, das Kind!«, hauchte sie ein paarmal. »Wir hätten niemals losgehen dürfen.«

»Aber es war der Befehl des Kaisers!«

In dem Augenblick sauste ein Junge um die Ecke. Er trug abgerissene Kleider und lief barfuß. Als er das jammervolle Paar sah, stutzte er und blieb stehen. »Ihr braucht eine Unterkunft«, sagte er. »Gebt mir einen Silbergroschen und ich will euch einen Stall zeigen, schön sauber und trocken.«

Ein Silbergroschen war der Tageslohn für einen Handwerker wie Joseph, aber der sah das Weh seiner Liebsten und gab dem Jungen das Geld.

»Siehst du, Maria«, sagte er. »Man muss Vertrauen haben.«

Der Junge lief vor ihnen her. »Da vorne!«, sagte er dann. »Seht ihr? Da, wo das Licht durch das Tor schimmert. Da geht ihr rein.«

»Gehst du nicht mit?«, fragte Joseph.

Aber der Junge war schon weg und von der schwarzen Regennacht verschluckt. Als Joseph die Tür öffnete, begriff er, warum es der Junge so eilig gehabt hatte: Der Stall war besetzt.

Es waren keine Tiere drin, außer einem alten, müden Ochsen und einem Taubenpärchen, oben im Gebälk des Dachstuhles. Der Boden war fest gestampft und trocken und in einer Ecke gab es duftendes Stroh für ein Lager. Kein Luxushotel, aber ein wunderbarer Platz für die Nacht und vielleicht sogar für eine Geburt.

Das Problem war nur: Der Junge hatte die Herberge zweimal verkauft. Ein dicker Mann und zwei sehr dicke Damen richteten sich gerade auf dem Stroh ein. Eine Öllampe brannte, es sah alles sehr einladend aus.

Maria war vom Esel gestiegen, jetzt versagten ihr fast Kräfte. »Der Junge hat uns betrogen. Joseph! Ich kann nicht mehr!«

»Entschuldigung!«, sagte Joseph. »Uns wurde

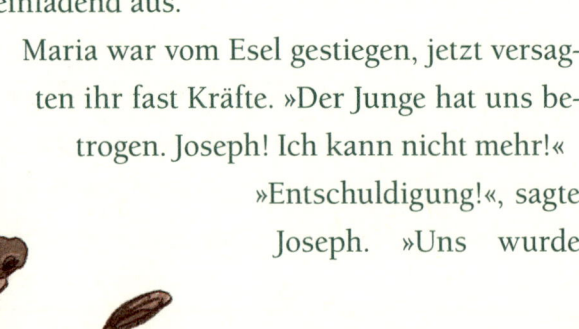

diese Unterkunft verkauft. Meine Frau bekommt gleich ihr Kind. Sie sehen ja! Vielleicht könnten wir den Platz teilen?«

Aber davon wollten die sehr dicken Damen nichts wissen. »Das ist unser Stall!«, riefen sie. »Er soll weggehen! Wir waren zuerst da! Schau nur, was er für einen stinkenden alten Esel dabei hat!«

»Aber das Kind ...«, sagte Joseph.

»Es hat keinen Sinn!«, unterbrach ihn Maria und stöhnte laut auf. Eine besonders heftige Wehe durchfuhr ihren Körper.

Joseph stützte sie, so gut er konnte. Aber seine Kräfte waren auch aufgezehrt und sein Gottvertrauen ebenfalls. Flohvius der Erste merkte das genau. Und er verließ seinen hoffnungslosen Wirt. Er sprang auf einen Balken und wollte sich gerade auf den Weg zu den wirklich sehr dicken Damen machen, da kreischte die eine auf. Der Mann hatte ein Brett unter dem Strohlager verschoben und ein fetter, bleicher Wurm schlängelte sich plötzlich über den Boden. Gleichzeitig kroch ein haariger, schwarzer Tausendfüßler auf die zweite dicke Dame zu und versuchte, sich unter ihrem langen Kleid zu verkriechen. Außerdem hatte die plötzliche Helligkeit ein ganzes Nest Asseln aufgeschreckt, die nun aufgeregt losrannten und ein neues Versteck suchten. Die erste Dame schrie immer noch und wich zurück, wobei sie über einen Strohballen fiel. Der Strohballen kippte und gab eine prächtige, wirklich schön verwarzte Kröte frei, die sofort einen Satz auf die zweite Dame zu machte, um das leckere Ungeziefer zu deren Füßen mit ihrer langen, klebrigen Zunge aufzuschlürfen.

Nun schrie auch die zweite Dame wie am Spieß. Und im nächsten Augenblick rannten die beiden mit wehenden Röcken aus dem Stall. Und der dicke Mann mit ihren Sachen hinterher.

Dann war es plötzlich ganz still. Die Kröte war satt und verkroch sich wieder.

Joseph bettete Maria auf das duftende Stroh und gab dem Esel zu fressen, der sich neben dem Ochsen zum Ausruhen niedergelegt hatte.

Und dann kam das Kindlein auf die Welt.

Und alles war gut. Das Kind war gesund und die Mutter wohlauf. Sie hatten es in die Krippe des Ochsen gelegt, nachdem Maria ihm zum ersten Mal die Brust gegeben hatte. Dann hatten sie alle ein bisschen geschlummert, bis das Kind maunzte und wieder nach Milch und Nähe verlangte.

Es ging gegen Mitternacht. Flohvius der Erste war die Balken hochgeklettert und hatte es sich im Flügel des Täuberichs gemütlich gemacht. Er konnte alles genau sehen.

Zum Beispiel, dass der Stall doch nicht so trocken war, wie sie gedacht hatten. Weil es nicht zu regnen aufhörte, war das Dach an manchen Stellen undicht geworden. Es tropfte und Joseph musste Marias Lager ein paarmal verrücken. Außerdem waren ja ihre Kleider nass, alles war klamm und das kleine Öllämpchen, das die dicken Leute zurückgelassen hatten, würde auch nicht mehr lange brennen.

Flohvius sah, dass sich Maria Sorgen machte, ob dem Kind die kalte Feuchtigkeit nicht schaden könnte. Und er sah auch, dass dieser Zimmermann ihr wenig Trost war. Der versuchte zwar, seine kleine Familie zu bewachen, aber er war so erschöpft, dass er ständig einnickte.

All das sah der Floh mit einer gewissen Sorge. Aber dann sah er auch, wie die Engel kamen.

Erst einer, ein ganz großer, und dann jede Menge kleine. Es dauerte nicht lang, da war der ganze Stall voll der himmlischen Heerscharen. Flohvius hatte noch nie einen Engel gesehen, aber er wusste sofort, dass das da unten welche sein mussten. Auch wenn sie gar nicht so aussahen. Normalerweise hat so ein Engel ja was Helles und die Klarheit des Herrn leuchtet um ihn. Aber die hier waren alle nass. Die duftig seidigen Hemdchen klebten an ihnen wie nasse Wischlappen. Die flauschigen Flügel waren verklebt und struppig, als hätten die Seraphim die Mauser. Und ihre Gesichter waren so traurig, als müssten sie bei einer Beerdigung auftreten und nicht bei der Geburt von Gottes Sohn.

Es war ja auch so duster. Viele haben behauptet, ein Schweif-stern habe über dem Stall gestanden und hätte alles in gleißen-des Licht getaucht. Soweit Flohvius der Erste das beurteilen konnte, war kein Stern von Bethlehem zu sehen: es war ja dicht bewölkt und es regnete. Niemand ging aus dem Haus und kein Mensch hätte erfahren, was da in diesem Stall geschehen war. Vielleicht hätte es überhaupt nie jemand erfahren, weder die Hirten noch die Weisen aus dem Morgenland, wenn nicht ... ja, wenn nicht Flohvius der Erste gewesen wäre.

Nun wollen wir bei der Wahrheit bleiben und nicht behaup-ten, er hätte alles absichtlich gemacht, um das Evangelium zu vollenden. Dazu kannte er die Zusammenhänge viel zu wenig. Obwohl er schon auf der ganzen Reise so ein Gefühl gehabt hatte, als habe da jemand Höherer die Finger im Spiel.

Sicher lässt sich nur sagen, dass er diese Engelsschar unter sich sah, nein, eigentlich roch er sie mehr, denn das Öllämp-

chen hatte nun wirklich seinen Geist aufgegeben. Und was er roch, war so fremd und wunderbar und trotz Regen und Nässe süßer als Honig und würziger als Weihrauch.

Und Flohvius dachte: Obwohl ich schon ziemlich satt bin von der Taube und überhaupt, aber das da unten will ich doch einmal kosten: Engelsblut. Wer weiß, wann das wieder mal zu haben ist? Und so kroch er aus dem Taubenflügel und ließ sich auf einen der kleinen Engel fallen.

»Ha!«, machte der Engel, als Flohvius zustach. Der Stich kitzelte den kleinen Engel und er suchte den Quälgeist zu packen. Aber Flohvius war schnell. Er sprang zum nächsten Engel.

»Haha!«, machte der zweite Engel.

Und Flohvius hüpfte zum dritten.

»Hahaha!«, machte der dritte Engel.

Jetzt hatte Flohvius so tief stechen können, dass er einen Tropfen Blut erwischte. Es schmeckte … es schmeckte so …

also, es schmeckte so ... Ehrlich gesagt hat niemand von den 76 Flohgenerationen, die diese Geschichte inzwischen weitererzählt haben, ein passendes Wort gefunden. So schreibe ich eben: Es schmeckte wie – Engelsblut. Wahrscheinlich.

»Ha!«, machte der dritte Engel noch mal.

Und der neben ihm erwachte kurz aus seiner nassen Depression, dachte, er hätte seinen Einsatz verpasst, und sagte leise: »...llelujah?«

Flohvius aber hüpfte weiter. Er wollte doch sehen, ob die alle so gut schmeckten.

»Ho!«, gluckste ein vierter Engel.

»Hoho!«, ein fünfter.

»Hohoho!«, ein sechster.

Und ein siebter erwachte und sang zögernd: »...siannah?«

Flohvius aber geriet nun in einen Taumel, weil jeder Engel immer noch feineres Blut hatte. Wie in einem Rausch sprang er durch die Reihen und überall rief es: Ha!« Und: »...llelujah!« Oder: »Ho!« Und: »...siannah!«

Es ist nicht überliefert, ob der erschöpfte Zimmermann etwas bemerkt hat. Er war eingenickt und schnarchte zufrieden vor sich hin. Maria aber, die Glückliche, hörte das englische Gekicher und ihr Herz wurde leicht. Sie nahm ihr Kind aus der Krippe und sah, dass es zum ersten Mal in seinem Leben lächelte.

Schließlich richtete sich der große Engel auf – und er war sehr groß. Er stieß sein Schwert in den Boden und die Engelsschar verstummte sofort. Dann rief der große Engel: »Achtung!«, und gab einen Takt vor: »Zwo-drei-vier!«

Und die himmlischen Heerscharen begannen zu singen:

»Hallelujah!«

»Hosiannah!«

»Gloria in excelsis!«

Die nassen Kleider der Engel waren inzwischen getrocknet. Die Flügel bauschten sich flauschig auf ihrem Rücken. Und ihre Stimmen stiegen zum Himmel empor wie ein Jubelsturm und vertrieben am Ende sogar die Wolken.

Die Hirten auf dem Felde hörten die himmlischen Chöre.

Die Weisen im Morgenland sahen nun den Stern.

Und alle Welt wusste: Uns ist heute der Heiland ...

»... geboren!«, rufen die Kinder.

»Ja, das sollte da zweifellos stehen.« Der Großvater hat aufgehört zu lesen.

»Und weiter?«, fragen die Kinder.

»Weiter geht's nicht«, sagt der Großvater. »Das letzte Wort fehlt und was immer uns Flohvius 77. noch hat erzählen wollen.«

»Na, Gott sei Dank!«, sagt die Großmutter.

»Aber warum hat er nicht weitergeschrieben?«, fragen die Kinder.

»Ich weiß es nicht. Es ist ein Fragment«, sagt der Großvater. »Aber vielleicht deswegen.« Er holt sein Taschentuch aus der Innentasche seines Jacketts und faltet es vorsichtig auseinander. Ein Stück brüchiger Papyrus kommt zum Vorschein.

»Pfui! Jetzt ist aber Schluss!«, ruft die Großmutter und springt auf. »Igitt!«

»Nein, warte doch, Oma!«, rufen die Kinder und auch die Eltern sind jetzt neugierig geworden, was das kleine Stückchen Papier in Großvaters Taschentuch bedeuten könnte.

»Seht ihr die kleinen Löcher im Papyrus?«, sagt der Großvater.

»Ja«, rufen die Kinder. »Das ist die Hieroglyphen-Schrift von Flohvius, stimmt's?«

Der Großvater nickt und ist still geworden. Denn alle sehen

nun den dunkleren Fleck am Ende der Zeile. Ein paar schwarze Teilchen kleben an dem Fleck.

»Das ist doch nicht etwa ...?«, fragt da die Mutter und wagt nicht, es auszusprechen.

»Ich fürchte, ja«, sagt der Großvater. »Flohvius 77. und ein Tropfen Blut vom Haupte seines Wirtes Flavius Josephus.«

»Mitten in der Arbeit erschlagen«, sagt der Vater. »Schrecklich!«

»Tja«, seufzt der Großvater. »Es ist nicht immer ganz ungefährlich, die Wahrheit zu Papier zu bringen. Trotzdem, frohe Weihnachten!«

Das gläserne Weihnachtskind

Es war einmal in gar nicht so ferner Zeit, da wurde es ein paar Tage vor Weihnachten plötzlich so eisig, dass nachts die Äste mit einem Knall von den Bäumen platzten.

»Wenn es wenigstens schneien würde«, sagte der kleine Junge.

»Ist zu kalt dafür«, sagte die Großmutter. »Der Schnee friert am Himmel fest.« Und dann murmelte sie noch: »Am End ist es jetzt so weit ...«

Sie hatte dem kleinen Jungen ein warmes Fußbad gemacht und streute noch ein paar getrocknete Kräuter in die Schüssel, dass es ihm wohlig durch den ganzen Leib kribbelte. Der kleine Junge hätte gern gewusst, was die Großmutter mit ihrem Gemurmel gemeint hatte, aber er fragte nicht. Mehr als drei Sätze auf einmal sagte die Großmutter selten. Und dann waren es oft noch so rätselhafte, auf die sich der Junge keinen Reim machen konnte. Besser, man hörte gar nicht hin und dachte lieber an den Christbaum, der in ein paar Tagen das Zimmer hell und warm machen würde mit seinen Lichtern.

Aber als der kleine Junge später mit kalten Ohren zum Bäcker lief, das Weihnachtsbrot zu holen, da fiel ihm das Gemurmel doch wieder ein: Am End ist es jetzt so weit...? Was denn? Wieso denn?

Keine Menschenseele war auf der Straße. Wer nicht hinaus musste, blieb lieber daheim. Überall in den Häusern wurden schon die Lichter angemacht. Es war totenstill. Auch die Geräusche schienen eingefroren, bis auf einen merkwürdigen Ton, hell und gläsern, keine Ahnung, woher der kam. Meine Ohren sind so kalt, dass sie klingeln, dachte der Junge und zog sich die Mütze tief über die Augen.

Es wurde auch schon wieder dunkel, das heißt, eigentlich war es den ganzen Tag nicht richtig hell geworden. Die Welt hatte keine Farben mehr, nur noch schattiges Grau. Aber jetzt fiel plötzlich ein Schimmer aus einer der Gassen, die auf den kleinen Platz mündeten, rötlich-orange wie ein verirrter Strahl der untergehenden Sonne.

Im nächsten Augenblick sah er das Kind. Ob Junge oder Mädchen, konnte der Junge nicht erkennen. Das Kind trug einen dunklen Mantel mit hochgeschlagener Kapuze.

Der rötliche Schimmer schien von dem Kind auszugehen und – ja! – auch der Ton, den der Junge schon die ganze Zeit im Ohr gehabt hatte.

Das Kind kam rückwärts aus der Gasse heraus, unsicher, irgendwie erschreckt, als würde es vor jemandem zurückweichen, den es aber auf keinen Fall aus den Augen lassen durfte.

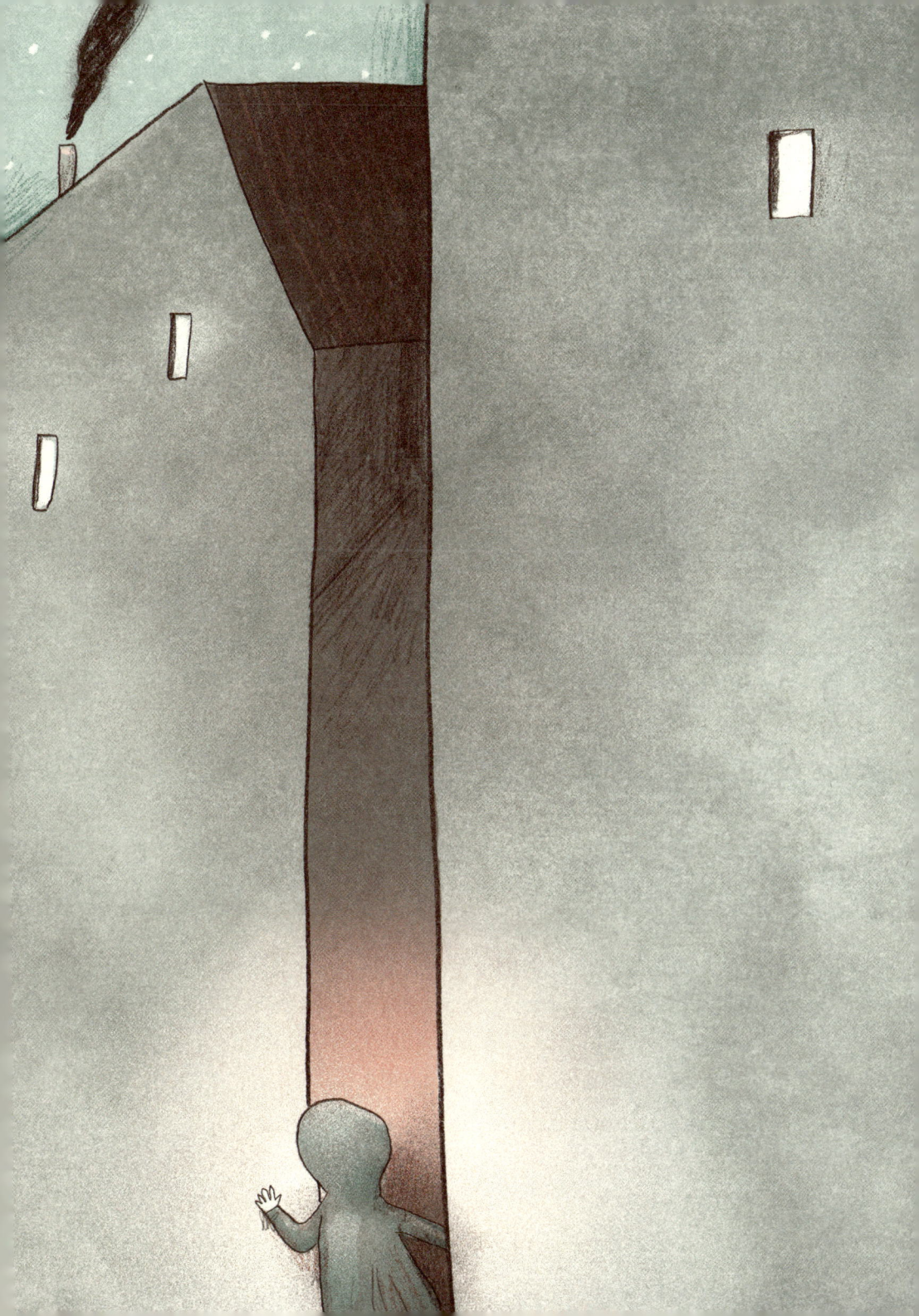

Der Junge verbarg sich vorsichtshalber hinter einer Hausecke. Irgendetwas war da hinten in dieser Gasse, das dieses merkwürdig leuchtende, klingende Kind vor sich her trieb.

Es sollte lieber weglaufen, dachte der Junge. Und ich vielleicht auch.

Aber das Kind lief nicht weg, ging immer nur Schritt für Schritt wie hypnotisiert rückwärts auf die Stufen zu, die zum Fluss hinunter führten. Gefährlich nah war es den Stufen schon.

Jetzt muss es aber aufpassen, dachte der Junge. »Mein Gott! Pass doch auf!«

Das Kind schien die Treppe hinter sich nicht bemerkt zu haben. Es trat ins Leere, taumelte und stürzte. Der kleine Junge schrie auf und wartete gleichzeitig auf den Schrei des Kindes. Aber stattdessen hörte er nur das Klirren von Glas. Es klang, als hätte jemand einen Korb mit Flaschen fallen lassen.

Dann war es wieder still.

Auch der merkwürdige Ton war weg, genauso wie der rötliche Schimmer. Der Junge starrte auf die Gasse. Wer oder was würde da herauskommen? Was hatte das Kind gesehen? Vor wem war es zurückgewichen?

Es kam niemand.

Schließlich nahm sich der kleine Junge ein Herz und lief zur Treppe hinüber. Er schaute in die Gasse hinein, sie war öd und leer. Aber unten am Fuß der Treppe sah der Junge im Dämmerlicht den Kapuzenmantel. Lag es da unten, das Kind?

»Hallo!«, rief er. »Hast du dir wehgetan?«

Er schaute sich noch mal vorsichtig um. Dann lief er die Treppenstufen hinunter und hob einen Zipfel des Mantels hoch. Aber da war kein Kind, nur ein Haufen Glasscherben. Ein Windstoß fegte die Treppe herunter, fuhr unter den Mantel und riss ihn fort, über das Eis am Ufer und in den Fluss, wo er sich bald voll Wasser sog und unterging.

Was passierte denn hier? Er träumte doch nicht! Da war der Fluss, die dämmrige Stadt und alle freuten sich auf Weihnachten. Er spürte das frische Brot unter seiner Jacke. »Tu es unter die Jacke«, hatte der Bäcker lachend gesagt, »dann wärmt's dich, bis du daheim bist.«

Ja, er sollte jetzt lieber heimgehen und der Großmutter alles erzählen. Sie kannte sich aus mit rätselhaften Geschichten. Er stieß mit dem Fuß in den Scherbenhaufen. Sollte er ein Stück von dem Glas mitnehmen? Die Splitter waren spitz und scharf. Aber als er sich bückte, entdeckte er unter den Scherben ein glattes Teil, rein und klar wie ein polierter Kristall. Das steckte er ein und lief schnell nach Hause.

Als er der Großmutter alles erzählt hatte, blieb sie lange still. Dann nickte sie und murmelte: »Ich hab's gewusst. Es ist so weit.«

Dieses Mal fragte er: »Aber was denn, Großmutter? Was denn? Was war das für ein Kind? Was ist mit ihm? Und wer war das da in der Gasse?«

Die Großmutter schien ihn gar nicht zu hören, schüttelte nur ewig den Kopf und murmelte: »Ich fürchte, wir können nichts mehr machen, es ist zerbrochen.«

Der Junge holte den Kristall aus seiner Tasche. Eiskalt war er gewesen, als er ihn aufhob unten am Fluss. Jetzt hatte er die Wärme des Jungen aufgenommen, ja, es war, als ginge sogar eine eigene Wärme von dem Kristall aus.

»Zerbrochen und verstummt,« murmelte die Großmutter. »Es sei denn ...?«

Sie sprach nicht weiter und schloss die Augen mit einem Seufzer. So konnte sie nicht sehen, wie der Kristall plötzlich zu schimmern anfing. Erst ganz schwach und dann immer deutlicher.

»Großmutter!«, rief der Junge aufgeregt. »Großmutter! Schau!«

Die Großmutter riss die Augen auf und starrte auf den leuchtenden Kristall. Und dann ging ein Leuchten auch über ihr Gesicht. »Es sei denn,« sagte sie, »es lebt noch.«

»Du meinst, man kann das Kind wieder heil machen?«, sagte der Junge. »Kannst du das?«

»Nein, ich nicht«, sagte die Großmutter und stand auf.

»Aber wer? Wer, Großmutter?«

»Mach dich fertig, wir müssen los!«

»Wohin denn? Es ist schon dunkel«, sagte der Junge.

»Zieh alles an, was du hast. Es ist weit. Und es wird sehr kalt sein.«

»Aber sag doch, wohin gehen wir?«

»Ich werd dir alles auf dem Weg erzählen.«

Wenig später gingen sie los, warm eingepackt, mit einem Rucksack voll mit Brot, Nüssen und heißem Tee. Der Junge trug den Kristall in einem wollenen Täschchen unter der linken Achsel. Es wäre ihm lieber gewesen, die Großmutter hätte ihn getragen. Aber die sagte: »Du hast ihn gefunden. Bei dir leuchtet er. Du musst auf ihn aufpassen!«

Als sie über den Platz mit der Treppe zum Fluss kamen, sagte der Junge: »Da! Da war es. Schau, Großmutter! Da unten liegt es.«

Aber die Großmutter blieb nicht stehen. »Lass die Scherben! Wir haben einen weiten Weg.«

»Wie weit?«, fragte der Junge.

»Durch den Wald und über Berg und Tal«, sagte die Großmutter.

»Und dann? Sag doch endlich, Großmutter! Wohin gehen wir?«

»Zum Glasbläser.«

»Ach ja, zum Glasbläser. Der macht das Kind wieder heil?«

»Spar dir deinen Atem«, murmelte die Großmutter. Und dann sagte sie nichts mehr.

Was die beiden nicht sahen, war eine dunkle Gestalt mit einem großen, schwarzen Hut unten am Fuß der Treppe. Sie stocherte in dem Scherbenhaufen herum und schien ziemlich wütend, weil sie nicht fand, was sie suchte.

Die Großmutter und ihr Enkel kamen gut voran. Aber als sie sich dem Wald näherten, fing es nun doch an zu schneien.

Niemand begegnete ihnen, niemand stellte sich ihnen in den Weg. Es war bald Mitternacht, als sie zur Mühle kamen, weiß bepudert wie Schneemänner. Der Müller schlief schon, aber er stand noch mal auf und machte ihnen eine Suppe heiß. Die Großmutter kannte ihn gut und er freute sich, sie und den Jungen zu sehen. Er wusste auch gleich, um was es ging, als sie ihm sagten, dass sie zum Glasbläser wollten.

»Hab ich mir schon gedacht, dass was mit den Glaskindern ist«, sagte er. »Die Kälte ist ja nicht normal.«

»Er hat vielleicht das letzte der Glaskinder zerbrochen«, sagte die Großmutter.

»Wer? Doch nicht der Dunkle Bruder!?«

»Wir haben ihn nicht gesehen, aber er muss es gewesen sein«, sagte die Großmutter. »Aber! Weißt du was?! Mein Enkel hier hat die Seele gefunden!«

»Gut«, sagte der Müller. »Gut. Und jetzt wollt ihr durch den Wald und über Berg und Tal ...?«

»Hast du ihn in der letzten Zeit gesehen?«, fragte die Großmutter.

»Den Glasbläser? Nein. Hoffentlich arbeitet er noch. Muss ja uralt sein!«

Der Junge hatte ruhig seine Suppe gelöffelt. Aber jetzt hatte er genug. Glasbläser und Dunkler Bruder und Berg und Tal! Jetzt wollte er endlich wissen, um was es hier ging. Er stampfte mit dem Fuß auf und sagte wütend: »Jetzt erzählst du's aber mal endlich, Großmutter!«

»Ja, jetzt erzähl ich's dir«, sagte sie.

»Es waren einmal zwei Brüder, Glasbläser. Niemand weiß, woher sie kamen und wo sie ihre Kunst gelernt hatten. Aber ihre Werke waren überall geschätzt und weithin berühmt für ihre Vollkommenheit. Ihre Meisterstücke waren Kinder aus Glas. Sie machten sie aus einem rosa schimmernden Milchglas, das die kleinen, zarten Geschöpfe wie lebendig aussehen ließ, auch wenn es nur kalte, tote Püppchen waren.

Die beiden Brüder machten gute Geschäfte und waren zufrieden mit ihrer Arbeit. Aber eines Tages hatte der eine Bruder einen Traum und am nächsten Morgen machte er sich auf eine lange Wanderschaft. Als er zurückkam, hatte er einen Sack voll merkwürdiger Kristalle dabei. Niemand weiß, woher er sie hatte. Manche sagen, er hätte sie in einer Zauberhöhle gefunden, tief, tief im Berg; andere sagen, eine Fee hätte sie ihm gegeben oder der Himmel selber.

Auf jeden Fall setzte der Glasbläser nun seinen Glaspuppen so einen Kristall ein und sie wurden lebendig, richtige Kinder.

›Ein Wunder!‹, sagte der andere Bruder.

›Hörst du ihren Klang?‹, sagte der erste Bruder. ›Jedes von ihnen hat seinen eigenen Ton. Aber alle zusammen erzeugen sie eine herrliche Harmonie.‹

›Ich weiß nicht, wie du das gemacht hast, Bruder, aber es ist großartig. Wir haben schon mit den Puppen gut verdient, aber jetzt werden wir wirklich reiche Leute sein! Was glaubst du, was die Kunden für so ein Glaskind zahlen werden!?‹

Da schüttelte der erste nur den Kopf. ›Nein, nein, wir werden sie nicht verkaufen. Sie sollen frei sein und hingehen, wohin sie wollen, und tönen in wunderbarer Harmonie. Und die Welt wird in Ordnung sein, solang diese Harmonie erklingen kann.‹

An diesem Tag zerbrach etwas zwischen den beiden Brüdern. Der eine schuf seine herrlichen Glaskinder und entließ sie in die Welt, während der andere sein Herz verdunkelte und voller Neid seinen Zorn darüber ausbrütete, dass man aus so einer Erfindung nicht einen besseren Gewinn schlagen sollte.

Eines Nachts versuchte er, dem Bruder die Kristalle zu stehlen, aber er wurde entdeckt. Noch in der Dunkelheit machte er sich auf und ging davon. Und es war klar, was er tun würde.«

Die Großmutter machte eine Pause und seufzte tief.

»Ich weiß, was der Dunkle Bruder tut«, sagte der kleine Junge. »Er sucht die Glaskinder und macht sie kaputt.«

»Ja«, sagte die Großmutter. »Wenn ich sie nicht verkaufen kann, dann soll sie niemand haben!‹, schwor er. Es hat lange gedauert, bis er alle gefunden hatte, und es war nicht einfach für den Dunklen Bruder. Denn überall auf der Welt lieben und beschützen die Menschen ihre Glaskinder, auch wenn sie sie gar nicht als solche erkannt haben. Denn sie spüren, dass von ihnen Glück und Harmonie und Wärme ausgeht.«

»Und dass es jetzt so eisig kalt geworden ist«, sagte der Junge, »das heißt, dass jetzt das letzte Kind zerbrochen ist?«

Die beiden Alten sagten nichts.

Der Junge spürte, wie ihm die Tränen in die Augen stiegen, aber er biss die Zähne zusammen und sagte: »Der Glasbläser kann es wieder heil machen. Ja? Der Kristall unter meiner Achsel ist nicht tot. Morgen gehen wir über Berg und Tal. Der Dunkle Bruder darf nicht siegen.«

Am nächsten Tag stand die Sonne wieder in einem stahlblauen Himmel, leuchtend gelb, aber sie gab keine Wärme mehr ab an das tief verschneite Land. Der Junge ging jetzt voraus, um die Spur zu machen; denn niemand sonst war diesen Weg gegangen und der Schnee lag knietief.

Sie sprachen nicht viel. Nur einmal sagte der Junge: »Ich mag gar nicht an Weihnachten denken, wenn so was Schreckliches passiert!« Da nahm ihn die Großmutter in den Arm:

»Was kann es denn Schöneres geben an Weihnachten, als dass ein neues Kind in die Welt kommt, Dummkopf?«

Ein Eichelhäher stieß einen Warnruf aus und flatterte zeternd davon. Im nächsten Augenblick brach ein Reh aus dem Unterholz und floh in großen Sprüngen den Hang hinunter.

»Was ist da?«, fragte der Junge erschrocken.

»Nichts. Wir haben sie aufgescheucht«, beruhigte ihn die Großmutter. »Schau, das Tal. Da am Ende, wo der nächste Wald anfängt, man kann es schon fast sehen: Da hat der Glasbläser seine Hütte.«

Sie waren aus dem Bergwald heraus. Vor ihnen schlängelte sich der Weg jetzt in Serpentinen den Hang hinunter.

»Nimm einen Schluck Tee und einen Kanten Brot«, sagte die Großmutter.

»Nein, ich will weiter.«

»Der Weg ist noch lang, auch wenn du das Ziel vor Augen hast«, sagte die Großmutter.

Der Junge nahm Brot und Tee und verschlang es hastig. Dann lief er weiter. Viel zu schnell für seine alte Großmutter. Er war schon zwei Wegkehren voraus, als er plötzlich einen Schrei hinter sich hörte.

»Großmutter!« Er schoss herum. War sie ausgerutscht und abgestürzt? Nein. Sie stand da oben auf dem Weg, aber sie war nicht allein. Eine dunkle Gestalt beugte sich über sie, nein, sie rang mit ihr, eine mächtige dunkle Gestalt mit einem schwarzen Hut.

Der Junge wollte sofort zurück, um seiner Großmutter zu helfen, aber da gelang es ihr, sich für einen Augenblick von dem Angreifer zu befreien. Sie entdeckte ihren Enkel und rief, so laut sie konnte: »Lauf weiter!« Im nächsten Augenblick verschwand die kleine alte Frau wieder unter dem riesigen dunklen Schatten.

»Nein!«, flüsterte der Junge. »Nein! Großmutter, ich lass dich nicht allein!« Aber dann spürte er den gläsernen Kristall unter seiner Achsel und lief doch los, den Hang hinunter. »Ich muss den Kristall zum Glasbläser bringen. Ich muss weg sein, weit voraus, bevor der Dunkle merkt, dass Großmutter ihn nicht hat.«

Er rannte und rannte und stolperte, versuchte, sich an einem Ast festzuhalten. Aber der Ast war morsch vom Frost, er brach ab. Der Junge verlor das Gleichgewicht, fiel hin und purzelte im nächsten Augenblick den Hang hinunter. Einen Moment lang steckte er mit dem Kopf im Schnee und bekam keine Luft mehr. Aber der Hang war ziemlich steil und so ging das Purzeln weiter. Ich werde mich zu Tode stürzen, dachte er, und mir alle Knochen brechen, als wären sie von Glas.

Aber der Schnee war weich und hatte alle scharfen Kanten dick aufgepolstert. So purzelte der Junge zwar immer weiter den Hang hinunter wie ein lebendiger Schneeball, aber er merkte bald, dass ihm nichts passieren würde. Und dem Glaskristall auch nicht. Im Gegenteil, der Sturz kürzte den Weg ab und brachte ihn so viel schneller zum Talgrund als der Weg mit den vielen Serpentinen. Schließlich schaffte es der Junge, den Schwung so abzufangen, dass er auf dem Hosenboden landete und einfach weiterrutschen konnte.

Als er endlich unten angekommen war, putzte er sich den Schnee von den Kleidern und sah sich um. Der Serpentinenweg vom Berg herunter lag still und verschneit da. Kein dunkler Schatten, der ihm folgte, aber auch keine Großmutter. Der Junge merkte, wie er zitterte, die ganze Angst vor dem eisigen Dunklen Bruder zitterte er heraus, jetzt, wo er in Sicherheit schien. Nichts wünschte er in dem Augenblick so sehr, als dass seine geliebte Großmutter bei ihm wäre und ihn in den Arm nehmen würde. Warum war er bloß hierher geraten? Warum saß er nicht wie alle andern Kinder daheim und freute sich aufs Christkind? Warum? Warum ich? Ich kann nicht mehr!

Er knöpfte seine Jacke auf und sein Hemd und holte das kleine Täschchen unter seiner Achsel hervor. Dann ließ er den Kristall in seine Hand gleiten. Er war warm, so warm wie sein Körper – oder vielleicht ein bisschen wärmer? Der Schimmer war auch in ihm, ja, der Schimmer war immer noch da. Der Junge strich mit der Hand über den Kristall und der Schimmer wurde heller. Die Seele des Glaskindes war unversehrt.

Da wusste der Junge wieder, warum er hier war. Und warum er hier nicht bleiben durfte, um auf seine Großmutter zu warten. Die würde sich zu helfen wissen. Er aber hatte noch einen weiten Weg vor sich.

An der nächsten Wegkreuzung hatte er Glück. Ein Fuhrwerk kam und nahm ihn mit. Die Pferde dampften, der Kutscher war tief in seinen Mantel vergraben und saugte schmatzend an einer Pfeife.

»Soso, zum Glasbläser«, knurrte er aus dem Mundwinkel. »Dann wickel dich mal in die Decke da. Wir haben noch ein gutes Stück.«

Der Junge ließ sich das nicht zweimal sagen und war im nächsten Augenblick auf dem Kutschbock eingeschlafen.

Als der Kutscher ihn weckte, war es schon dunkel. »Weiter fahr ich nicht«, sagte er und klopfte seine Pfeife am Stiefelabsatz aus. »Willst du mit reinkommen? Kannst auch morgen noch raus zum Glasbläser.«

»Wie weit ist es denn noch?«

»Stunde?«, sagte der Kutscher.

»Das kann ich noch schaffen«, sagte der Junge. »Danke fürs Mitnehmen.«

»Hast es eilig?«, knurrte der Kutscher. »Wirst wissen, warum. Viel Glück auch!« Der Kutscher erklärte ihm noch den Weg, dann ging er in die Schenke, wo er übernachten wollte.

Der Junge aber lief eilig aus dem Ort hinaus, einen schmalen Feldweg entlang, auf dem es keinerlei Spuren gab. Niemand war zur Glasbläserhütte hinaus gegangen. Niemand auch war von dort zum Dorf gelaufen.

»Nicht denken«, sagte der Junge leise vor sich hin. »Nicht so was denken: keine Spur vom Glasbläser! Der Kutscher hätte mich nicht zur Glasbläserhütte geschickt, wenn der Glasbläser nicht mehr dort wäre.«

Als er ein Geräusch hinter sich hörte, fuhr er herum. Aber es war nur ein Fuchs, der aus dem Unterholz kam und nun die Spur des Jungen nutzte, um leichter Richtung Gasthaus laufen zu können. Es war mondhell, klares, silbernes Eislicht. Der Junge fror jetzt. Seine Kraft war aufgebraucht. Aber das machte nichts, er war ja am Ziel.

Er sah die Hütten, es waren zwei: eine zum Wohnen, eine zum Arbeiten. Dustere, verfallene Hütten ohne ein Anzeichen von Leben. Kein Licht, kein Rauch, kein Hund, der bellte. Der Junge ging um die Hütten herum. Nichts wies auf Leben hin. Alle Fensterläden waren zu.

»Hallo!«, rief der Junge. »Hallo, ist da wer?«

Keine Antwort.

Was sollte er tun? Seine Zehen starben langsam ab vor Kälte. Und sein Atem gefror auf seiner Nase zu Eiskristallen. Vielleicht konnte er wenigstens in eine der Hütten kriechen, um sich aufzuwärmen?

Die Werkstatt war fest verschlossen. Aber die Tür zum Wohnhaus ließ sich öffnen. Vorsichtig schlüpfte der Junge hinein und stand gleich darauf in der Küchenstube. Es dauerte eine Weile, bis er Umrisse erkennen konnte, den Herd, den Tisch, zwei Stühle und einen Ohrensessel. Es war nicht kalt im Raum. Konnte also noch nicht so lange her sein, dass man hier geheizt hatte. Er tastete sich zu dem Ohrensessel hinüber,

darin hätte er gut die Nacht verbringen können. Er griff nach der Lehne und berührte eine Hand, eine alte, schrumpelige, kühle Hand.

Und er dachte nun alles gleichzeitig: Ja, ich hab den Glasbläser gefunden. Und: Nein, er wird doch nicht gestorben sein?! Und: Hilfe, was soll ich denn jetzt machen mit dem Kristall? Wo ist der Dunkle Bruder? Und Großmutter, wo ist die? Warum bin ich so allein? Ein kleiner Junge in einer Geschichte, die viel zu groß für ihn ist?

Seine Beine waren ganz schwach, sein Kopf leer. Gab es also doch keine Rettung? Nur Tränen und Ohnmacht? Der kleine Junge wollte gerade umfallen, da bewegte sich die alte

Hand und eine müde Stimme krächzte: »Ist doch noch einer gekommen.« Die Stimme klang, als wäre sie lange nicht benutzt worden, aber für den Jungen war sie so lieblich wie eine Engelsstimme.

»Du lebst doch noch!?«, rief der Junge. »Gott sei Dank!«

Der Alte beugte sich nach vorne und machte eine Lampe an. Er war sehr alt, runzelig wie Baumrinde. Aber er lächelte freundlich. Der Junge musste keine Angst mehr haben.

»Du bist der Glasbläser?«, sagte er. »Ich hab einen Kristall gefunden, eine Glaskinder-Seele. Kannst du das Kind wieder heil machen? Du musst, sonst wird alles erstarren, sagt meine Großmutter.«

»Setz dich! Setz dich doch!«, krächzte der Alte. »Ich mach uns einen Tee.«

»Ich wüsste so gern, wo Großmutter ist«, sagte der Junge leise. »Sie hat mit – dem Dunklen Bruder gekämpft.«

»Ja, sie war schon immer eine große Kämpferin«, sagte der Glasbläser lachend. »Erzähl jetzt!«

Und so erzählte der Junge die ganze Geschichte. Als er fertig war, hustete der alte Glasbläser lang und bellend und räusperte sich und sagte nun mit klarer, kräftiger Stimme: »Gib mir den Kristall. Wir wollen es versuchen.«

Sie gingen hinüber in die Werkstatt. Alles hier war von einer dicken Schicht Staub und Spinnweben überzogen. Der Alte machte Licht und zog seinen Lederschurz an, der hinter der Tür an einem rostigen Nagel hing. Und dann fegte er wie ein Wirbelwind durch den Raum. Er entfachte ein Feuer im Schmelzofen und legte all die Sachen bereit, die er brauchte für sein Werk: die Gussform für das Kind, die Glasbläserpfeife und all die Stoffe und Pülverchen für das besondere Milchglas.

Der Junge wollte ihm helfen, doch der Glasbläser setzte ihn auf einen alten Sandsack in der Ecke. »Ruh dich aus! Du hast deine Arbeit gemacht.«

Dann will ich wenigstens alles sehen, dachte der Junge, will genau zuschauen. Aber schon bald fielen ihm die Augen zu und er konnte sie beim besten Willen nicht wieder öffnen, weil er so erschöpft war.

Es war warm und gut, alles gut. Der kleine Junge dachte an seine Großmutter und an den Weihnachtsbaum, den sie bald schmücken wollten, und an den Duft von Plätzchen und Lebkuchen. Und vielleicht konnten sie das Glaskind sogar mitnehmen nach Hause, das neue Weihnachtskind. Bei ihnen würde es sicher sein, sicher vor dem ...

Er schreckte aus seinen Träumen, weil die Werkstatttür krachend aufsprang. Ein eisiger Wind fuhr herein. Draußen schien wieder ein Schneesturm zu toben. In der Tür stand ER, böse grinsend unter seinem schwarzen Hut.

Was er sah, machte ihn wütend. Aber gleichzeitig schien er sicher, dass er trotzdem siegen würde.

Der Glasbläser hatte das Kind fertig. Es saß da in einem dünnen Kleid, irgendwie wächsern, durchsichtig, aber voller Freundlichkeit und Lebenskraft. Der Glasbläser stellte sich sofort schützend vor sein Geschöpf, das beim Anblick des Feindes entsetzt zusammengezuckt war. Auch der kleine Junge auf seinem Sandsack kroch noch tiefer in seine Ecke.

Der Dunkle Bruder schloss die Tür und schüttelte den Schnee von seinem Mantel. »Da hast du also noch mal eins geschaffen«, sagte er und lachte. Seine Stimme war scharf wie ein Pfeil aus Eis. »Aber das nützt dir nichts. Das weißt du. Eins allein nützt dir gar nichts.«

»Woher willst du wissen, dass es nur noch eins gibt?«, fragte der Glasbläser.

»Ich weiß es«, zischte der Dunkle Bruder. »Und du weißt es

auch. Und wenn mir dieser verdammte Knabe da mit seiner Großmutter nicht dazwischengefunkt hätte, wäre alles längst erledigt.«

»Wo ist Großmutter?« Der kleine Junge sprang hoch und wollte sich auf den Dunklen Bruder stürzen. Aber der Glasbläser hielt ihn auf.

»Frag den Schneesturm«, sagte der Dunkle Bruder grinsend.

»Warum machst du das? Du kannst immer noch umkehren!«

»Ach, Bruderherz! Warum hast du mich die Kinder nicht verkaufen lassen? Das wäre das Geschäft unseres Lebens geworden.«

»Für Geld ist Harmonie nicht zu haben«, sagte der Glasbläser.

»Aber ohne Geld auch nicht!«, zischte der Dunkle Bruder. »Nicht, solange ich lebe!«

»Du willst wirklich alles zerstören?«

Der kleine Junge verstand nicht. Er hatte doch den Kristall gerettet. Der Glasbläser hatte das Glaskind wieder hergestellt. Und mit diesem bösen Bruder würden sie schon fertig werden. Sie waren ja zu zweit! Es war doch alles gut.

»Sag's ihm!«, lachte der Dunkle Bruder. »Hast du ihm nicht gesagt, dass eins nicht genügt?«

Der Junge sah den Glasbläser flehend an. Sag, dass der Dunkle nicht recht hat! Aber der Glasbläser nickte nur und verwandelte sich wieder in ein müdes, morsches Stück Baumrinde. »Ein Kind allein, das ist nur ein einziger Ton, verstehst du?«, krächzte er. »Die große, alles heilende, wärmende Harmonie entsteht nur, wenn alle Kinder zusammen klingen. Alle Kinder zusammen, das war die Glasharfe, die der Welt das Gleichgewicht gab.«

»Und die hat er alle zerstört? Auf der ganzen Welt? Nur meins ist noch ...?

»Ein kluges Kerlchen!«, lachte der Dunkle Bruder und machte einen Schritt auf den Glasbläser und die beiden Kinder zu. »Gib es mir heraus! Es hat doch keinen Sinn!«

Da klopfte es. Der Dunkle fuhr herum.

»Großmutter!«, rief der kleine Junge und stürzte zur Tür. Aber als er sie aufmachte, stand da ein fremdes Kind, sah aus wie ein kleiner Chinese. Er fror, aber er strahlte. Er hatte ein wollenes Täschchen in der Hand, aus dem er einen matt schimmernden Kristall hervorholte.

»Noch eins!«, flüsterte der kleine Junge. »Komm rein! Schnell!«

Durch den Dunklen Bruder lief ein krampfartiges Zittern, als der kleine Chinese die Werkstatt betrat.

»Wie viele braucht man für die Glasharfe?«, fragte der kleine Junge.

»Viele! Viele!«, zischte der Dunkle Bruder. »Ihr habt keine Chance!«

Aber als der kleine Junge die Türe schließen wollte, da trat

nun doch die Großmutter aus dem nächtlichen Schneegestöber. Und sie war nicht allein. »Wir sind viele«, sagte sie erschöpft und schob eine große Schar Kinder über die Schwelle der Werkstatt, weiße, rote, schwarze, gelbe, von überall her auf der Welt. »Und ein jedes hat so eine Seele gefunden wie du.«

»Großmutter!«, rief der Junge und stürzte in ihre Arme.

»Sie waren überall im Tal und fanden den Weg nicht, weil der Sturm alle Pfade verweht hatte. Sein Sturm!«

Sie zeigte auf den Dunklen Bruder. Er zitterte immer noch.

Aber das Zittern wurde immer weniger und dann hörte es auf. Er war erstarrt zu einer Säule aus schwarzem Eis.

»Sie hätten alle erfrieren können, wenn ich sie nicht gefunden hätte!«, rief die Großmutter wütend. »Und all die Seelen der Glaskinder wären für immer verloren gewesen.« Sie schlug mit ihren Fäusten dem Dunklen Bruder gegen die Brust.

»Vorsicht, Großmutter! Er ist stark!«, rief der kleine Junge.

Aber der Dunkle Bruder wehrte sich nicht mehr. Er schwankte und dann fiel er hintenüber auf den Boden, wo er in tausend schwarze Eissplitter zersprang.

Die Kinder schrien auf vor Schreck, aber die Großmutter beruhigte sie. »Er kann euch nichts mehr tun. Alles ist gut. Morgen werd ich die Scherben aufkehren.«

Sie wärmten sich auf, die Füße, die Nasen und die Herzen. Die Großmutter und der kleine Junge blieben erst mal beim Glasbläser und sorgten für die vielen neuen Freunde.

Der Glasbläser aber nahm all die Kristalle der Kinder und machte neue Glaskinder daraus.

Sie feierten zusammen Weihnachten, wie sie noch nie eine Weihnacht gefeiert hatten. Sie blieben beieinander, bis die Tage wieder länger wurden. Das Haus war voller Klänge und füllte das ganze Tal mit seinen Harmonien. Und die wundersame Glasharfe tönte wieder und brachte der Welt schon bald einen neuen Frühling.

Rudolf Herfurtner

geboren in Wasserburg am Inn, studierte Germanistik,
Anglistik und Theaterwissenschaften in München,
wo er auch heute noch lebt und arbeitet. Für seine Kinder-
und Jugendbücher, Hörspiele, Drehbücher und Theaterstücke
wurde er mit zahlreichen Preisen ausgezeichnet,
u. a. mit dem Großen Preis der Volkacher Akademie für
Kinderliteratur. Bei Gerstenberg ist von ihm erschienen:
Magdalena Himmelstürmerin. Ein Roman aus der Lutherzeit.

Ina Hattenhauer

ist in Berlin geboren und aufgewachsen. Sie studierte an der
Bauhaus-Universität Weimar und am Minneapolis College
of Art and Design in den USA, schloss ihr Studium 2009
als Diplom-Designerin ab und arbeitet seitdem
als selbstständige Illustratorin in Weimar.

Pernilla Oljelund
Elfrid & Mila
Das Weihnachtswichtelwunder

Mit Bildern von Susanne Göhlich
Aus dem Schwedischen von Birgitta Kicherer
176 S., geb., ISBN 978-3-8369-5391-7

»Ein richtiges Weihnachten!« Das ist das Einzige, was Mila sich dieses Jahr
wünscht. Ein richtiges Weihnachten nur mit ihrer Mama, ohne den
neuen Nachbarn Klas, in den Mama sich verliebt hat.
Da steht plötzlich Elfrid in ihrem Zimmer – die wahrscheinlich
faulste Wichtelin der Welt, vom Weihnachtsmann persönlich dazu
verdonnert, sich um Milas eigenartigen Wunsch zu kümmern ...

»Eine absurd-komische und gleichzeitig anrührende
Weihnachtserzählung. Unbedingt lesen!«
DIE ZEIT

»Ein Buch wie eine Tasse Kakao:
wärmt auf angenehmste Weise von innen.«
Focus Schule

www.gerstenberg-verlag.de

Pernilla Oljelund
Elfrid & Leo
Das Fußballweihnachtswunder

Mit Bildern von Susanne Göhlich
Aus dem Schwedischen von Birgitta Kicherer
136 S., geb., ISBN 978-3-8369-5820-2

An den Weihnachtsmann glaubt er nun wirklich nicht mehr,
aber seiner nervigen kleinen Schwester zuliebe schreibt auch Leo
einen Wunschzettel. Mit unerwarteten Folgen: Sein Wunsch –
im Fußballcup vor Weihnachten der Beste zu sein –
ruft Elfrid auf den Plan, den größten Nichtsnutz unter den
Weihnachtswichteln!
Ob das wohl gut geht …?!

Eine turbulente Weihnachtsgeschichte mit viel Situationskomik
und Wärme.

www.gerstenberg-verlag.de

1. Auflage 2014

Copyright © 2014 Gerstenberg Verlag, Hildesheim
Alle Rechte vorbehalten
Illustrationen und Umschlag von Ina Hattenhauer
Druck und Bindung: fgb • freiburger graphische betriebe
Printed in Germany

www.gerstenberg-verlag.de

ISBN 978-3-8369-5714-4